JUVENTUDE & DROGAS:
ANJOS CAÍDOS

IÇAMITIBA

IÇAMI TIBA

JUVENTUDE & DROGAS: ANJOS CAÍDOS

PARA PAIS E EDUCADORES

INTEGRARE
EDITORA

Copyright © 2007 Içami Tiba
Copyright © 2007 Integrare Editora Ltda.

Publisher
Maurício Machado

Assistente editorial
Luciana Nicoleti

Produção editorial e acompanhamento
Miró Editorial

Preparação de texto
Márcia Lígia Guidin • Renata Del Nero

Revisão de provas
Eliel Silveira da Cunha • Renata Nakano • Maria Aiko Nishijima

Projeto gráfico de capa e miolo
Alberto Mateus

Diagramação
Crayon Editorial

Foto da capa
Corbis/Latinstock

Foto da quarta capa
André Luiz M. Tiba

Dados Internacionais de Catalogação na Publicação (CIP)
(Câmara Brasileira do Livro, SP, Brasil)

Tiba, Içami
 Juventude & drogas : anjos caídos / Içami Tiba. – São Paulo : Integrare Editora, 2007.

"Para pais e educadores"
Bibliografia
ISBN 978-85-99362-14-3

1. Drogas - Abuso - Prevenção 2. Juventude - Uso de drogas I. Título

07-2511   CDD-362.293

Índice para catálogo sistemático :

1. Jovens : Drogas : Prevenção : Problemas sociais 362.293

Todos os direitos reservados à INTEGRARE EDITORA LTDA.
Rua Tabapuã, 1.123, 7° andar, conj. 71/74
CEP 04533-014 - São Paulo - SP - Brasil
Tel: (55) (11) 3815-3059/3812-1557
visite nosso site: www.integrareeditora.com.br

Dedico este livro a todas as pessoas
que direta ou indiretamente lidam
com prevenção ao uso das drogas:
educadores e professores, do ensino fundamental
ao universitário, profissionais de saúde mental
(psiquiatras, psicólogos, assistentes sociais etc.),
comunicadores de rádio, televisão, jornal
e internet, formadores de opinião, líderes
comunitários e religiosos, imprensa escrita,
falada, televisiva e virtual, demais leigos,
interessados em saúde mental, física e social;

...e também àqueles que se empenham em
tratamentos e recuperação dos
usuários de drogas.

Dedico com especial carinho

aos netos Eduardo e Ricardo, e aos que ainda
chegarão; aos filhos André Luiz & Juliana,
Natércia (Tiça) & Maurício, à caçulinha
Luciana, que de caçula não tem nada,
e à minha amada e única companheira,
Natércia.

Agradecimentos

Agradeço aos pais que confiaram seus queridos filhos aos meus cuidados.

Agradeço ainda aos ex-usuários de drogas, usuários e "ex-possíveis-futuros-usuários". Como parceiros diretos e/ou indiretos, em contato pessoal e/ou virtual, buscamos juntos melhores alternativas e soluções para lidar com o problema da juventude com as drogas. Todos eles muito me ensinaram e ajudaram-me a escrever este livro.

Sumário

Quem é feliz não usa drogas 17
Uma imagem vale mais que mil palavras... *por Paulo Heise* 19
Introdução 23

1 O mundo das drogas, atração irresistível 25

ÁLCOOL 28
A lenta sedução: paquera 28
Brincando com fogo: "ficada" 29
Primeiros porres: "rolo" 30
Beber é o que importa: namoro 31
CIGARRO 32
Parece ter sabor agradável 32
Um inimigo a combater 33
A reviravolta 33
Do mal-estar à dependência 34

MACONHA 36
Cabeça feita 36
Curiosidade e desejo 38
Proibir é um estímulo 38
Sistema de recompensa 39
Conquistando o "namorado" 41
De amante a má esposa 41
Menos ruim passa a ser bom 43
Mas ele usa... 44
Basta ser gostoso que é bom 45
Maconha vicia, sim! 46
COCAÍNA 47
Alta periculosidade 47
A primeira vez 47
Uma bola-de-neve 48
CRACK 50
Fisgado para sempre 50
Um barato muito caro 51
ECSTASY 51
Destruição do prazer fisiológico 51
SEXTASY 52
CRYSTAL 53
INALANTES 53
MEDICAMENTOS 56
Na semilegalidade 56

2 **Tráfego dos usuários**   58
Fluxograma dos usuários de drogas 60
Bebida, de gole em gole 61
Adeus, superego! 63

Sumário ■

Fumo, entre nuvens de fumaça 65
Pobre da saúde! 67
Maconha, subsolo grande e lotado de jovens 69
Destino incerto 72
Cocaína, o reino da desconfiança 74
Amargo regresso 76
Crack, sob o domínio do medo 77
Por todo o subsolo 78
A última chance 79
Os pais são os últimos a saber 80
Anjos caídos e a relação com seus pais 81

3 **Maconha: corroendo as relações éticas** 84
O caso de Rodrigo 85
Um vício galopante 86
Distorção da personalidade 87
Quem se prejudica? 89
Resistindo ao tratamento 90
Uma nova leitura 91
Quebra-se a ética 94
A disciplina se desorganiza 94
A gratidão se esvai 95
A religiosidade é menosprezada 96
A vida como um todo também perde 98
Desaparece a cidadania 98
Maior o prazer, maior o estrago 99

4 **As drogas e o sistema de recompensa do cérebro** 101
As três porções do cérebro 103
Neurotransmissores: mensageiros químicos 104

As drogas enganam o organismo 105
Como as drogas são agrupadas 106
   Sedativas 107
   Estimulantes 110
   Modificadoras do humor e da percepção 119

5 **Por que os jovens usam?** 124
O anjo caiu: onde foi que eu errei? 125
Geração asa-e-pescoço 127
Do autoritarismo para a liberalidade total 128
"Eu posso tudo" 129
Saciar a vontade é o que importa 130
Não dá para esperar 131

6 **Sinais e disfarces** 133
Maconha: olhos alterados e odor peculiar 135
   Comportamentos suspeitos 140
   Respostas típicas 141
Cocaína: agitação extrema e problemas nasais 143
   A cocaína confunde 145
Crack: difícil de esconder 146
Alerta importante a pais e professores 147

7 **Maconha: Onde? Quando? Para quê?** 149
Locais preferidos 150
   No quarto 151
   Sob o vapor do banheiro 153
   Outros cantos escolhidos 153
   Topo do edifício 153
   Garagens e áreas livres 153

Sumário ■

Apartamentos desocupados ou em reforma 154
Flat doméstico de amigo(a) ou namorado(a) 154
Lares de amigos 154
A caminho da escola e dentro dela 154
Terras de ninguém e tolerância indevida 155
Vestígios dentro do carro 156
Estádios e shows 157
Casas de veraneio 158
República de estudantes 158
Praias e *campings* 158
Rave e ecstasy 159
"Legalize" e "bad trip" 160
Nos esportes 161
Para que acender um baseado? 161
Os companheiros de fumo 162
Tabela para um diagnóstico rápido do uso da maconha . . . 163
Explicação sumária da tabela 164

8 **Condomínio: paraíso das drogas**   176
Vantagens dos condomínios 178
Os principais problemas 179
Como a droga entra em cena 180
Moradores típicos e suas reações 181
Um esquema clandestino: míni e microtraficantes 182
Superando os problemas 183
Sugestão de trabalho 184

9 **Os desafios para a escola**   187
A escola na ausência dos pais 188
Tem boato correndo 190

Como avisar os pais?	191
A aluno pego em flagrante	193
E se o aluno chega drogado à aula?	194
O que *não* se deve dizer à família	194
Caso os pais duvidem	195
Se os responsáveis não comparecem	196
Quando os pais pensam diferente da maioria	197
Professores suspeitos	198
Traficantes escolares	199
A questão do sigilo	201
Trabalho preventivo eficiente	202
Exemplos a seguir	203
Semana da prevenção contra o uso de drogas	203
Apostilas	204
Shows	205
Capacitação de professores	206

10 **Senhores pais, só o amor não basta** 207

Filho sob suspeita	209
Denúncias anônimas	211
A confirmação	212
Quem é o fornecedor?	213
Descuido ou pedido de socorro?	214
Encontrando o filho "chapado"	215
Pais protetores: risco de extorsão	216
O amigo dele usa...	217
A turma dele usa...	218
A filha se apaixonou por um usuário	219
"Posso experimentar?"	220
E se os pais já fumaram maconha?	221

E a mãe reverte o quadro! 222

11 Tratamento e recuperação 225

Onde buscar orientação 227
    Quando pai e mãe apenas desconfiam 227
    Se o suspeito está presente 230
    O uso foi descoberto 231
    O filho vem junto 232
    Jovem veio sozinho à consulta 233
O que fazer quando... 234
    ...só experimentou a maconha 234
    ...quer usar outras vezes em segredo 234
    ...pretende fumar esporadicamente 235
    ...o uso é constante 236
    ...consome mais de um baseado por dia 237
    ...utiliza outras drogas 238
    ...trata-se, mas não se cura 240
Campanha (falsa?) da boa imagem 240
    Dinheiro 241
    Interesse pela escola 242
Despertadores do vício: conhecer e evitar 243
Tratamentos médicos e psicológicos 244
Lutando contra o cigarro 245
Onde obter apoio 246
Só a internação não resolve 247

12 O melhor é a prevenção 249

Caminhos disponíveis 252
Como falar a respeito das drogas 253

■ Juventude & drogas: anjos caídos

Abrir a cabeça 255
O que é preciso mudar 256
A base da auto-estima 258
Química cerebral 259
Mãos à obra! 260
Maior competência, melhores resultados 262

AS DROGAS MAIS FREQÜENTES:
sintomas, usos e tratamentos 266
Álcool 268
Tabaco 273
Inalantes e solventes: lança-perfume e outros 277
Maconha 281
Tranqüilizantes ou ansiolíticos ou benzodiazepínicos . . . 290
Anfetaminas 294
Cocaína, crack e merla 301
Alucinógenos 306
Esteróides anabolizantes 311
Indutores dos sono ou sedativos ou barbitúricos 313
Opiáceos: heroína e morfina 315

Bibliografia 320
Índice remissivo 322
Sobre o autor 325

Quem é feliz não usa drogas...

Felicidade é saber superar frustrações, pois não há como satisfazer todos os desejos. E o desejo pelo *prazer* é muito grande. Ele pode até ser saciado, mas a saciedade aos poucos vai passando, e nós continuamos a desejar mais e mais.

Prazer corporal qualquer animal pode sentir. Entretanto, o ser humano é o único ser vivo que estabelece uma distinção entre o que é *bom* e o que é *ruim*. Por isso, o ser humano sabe que nem tudo o que dá prazer é bom.

A droga provoca prazer, mas não é boa, pois prejudica o corpo, a mente, a família e a sociedade. Quanto maior o uso, maior o prejuízo. Cada ser humano pode ter maior ou menor resistência à droga, mas ninguém consegue controlar as reações bioquímicas que ela provoca dentro do organismo.

> O único controle que qualquer pessoa tem sobre a droga é o de não experimentá-la.
>
> Não se pode confundir prazer químico com felicidade. A droga causa momentos de alegria que desaparecem, dando lugar a um vazio na alma. A felicidade preenche o ser humano, fornecendo-lhe alimento durante os períodos difíceis, valorizando-o pelo que é, e não pelo que não possui naquele momento.
>
> Quem é feliz não precisa usar drogas!
>
> Içami Tiba

ated Uma imagem vale mais que mil palavras. Um bom livro vale mais que mil imagens

A campanha de prevenção contra as drogas da Associação Parceria Contra Drogas (APCD), cuja marca todos conhecem (aquela da mãozinha), completou dez anos em 2006. Assim, uma década já se passou desde aquele dia em que, na sede da Salles Publicidade, hoje Publicis, em São Paulo, tive o privilégio de participar de uma reunião histórica, convocada pelo publicitário e presidente do Conselho Nacional de Propaganda (CNP), Hiran Castello Branco. Ali estavam presentes alguns líderes da publicidade brasileira e empresários que discutiram a idéia de se criar uma entidade, sem fins lucrativos, que assumisse a difícil e delicada missão de criar e produzir mensagens educativas de conscientização e prevenção sobre os perigos que as drogas ilícitas representam, principalmente para os nossos jovens.

Naquela reunião, certamente surgiram dúvidas sobre o eventual apoio da mídia, algo indispensável para um empreendimento dessa natureza. Quanto às agências de publicidade, havia uma expectativa de que elas poderiam ser motivadas a criar as mensagens voluntariamente.

Além de refletirmos sobre a questão de como conseguir os recursos para viabilizar uma estrutura administrativa modesta, sabíamos que uma questão crucial residia na maneira de tratar, na comunicação de massa, o uso e o abuso das drogas – o que dizer e, mais importante ainda, como dizer. Ninguém tinha experiência no assunto.

Todos sabem que os jovens se caracterizam principalmente pela rebeldia e, naturalmente, são pouco propensos a se deixar influenciar por campanhas comportamentais que eles classificam, em geral, como moralistas.

Desde que fui eleito presidente da APCD, venho buscando compreender melhor esse assunto: saí à procura de aconselhamento de profissionais que já se dedicavam ao estudo do uso e do abuso de drogas e, com alguns deles, acabei por formar uma Comissão Técnica e Científica. Foi assim que tive contato com dr. Içami Tiba, psiquiatra e escritor, um dos mais assíduos colaboradores da APCD, que exerceu papel fundamental ao orientar, voluntariamente, a criação das primeiras peças do Programa de Comunicação contra as drogas, levado adiante pela nossa entidade. Atualmente, a nossa Comissão Técnica recebe a colaboração de outros brilhantes profissionais – psiquiatras, psicólogos e educadores –, que prestam um trabalho voluntário para a APCD.

Foi com ajuda desses profissionais que a parceria criou e produziu, até o momento, sessenta mensagens diferentes, veiculadas pela televisão em todo o País.

As mensagens são dirigidas essencialmente aos jovens, mas algumas delas falam para as crianças, seus pais, professores e adultos, porque, afinal, a droga não é um perigo apenas para os nossos jovens e adolescentes.

É dentro desse mesmo campo de batalha contra as drogas que situamos este livro, que certamente será um marco na literatura do gênero. Um verdadeiro guia para pais, professores e profissionais da saúde, alertando, de maneira poderosa, contra os perigos do uso e do abuso de drogas. Nesse sentido, esta obra vale tanto quanto uma campanha na televisão, ou mais, pela credibilidade de seu autor, Içami Tiba, que se tornou uma fonte de referência sobre o assunto e de popularidade inquestionável pela sua facilidade de comunicação. Içami Tiba sabe passar a informação preciosa para pais que não querem perder seus filhos para as drogas.

Por isso tudo, amigo Tiba, desejo que seu livro *Juventude & Drogas: Anjos Caídos* construa uma trajetória de sucesso, ajudando a APCD no trabalho de conscientização e prevenção contra o uso e o abuso de drogas, tão necessário quanto permanente, pois as drogas continuam sua escalada do terror.

Muito obrigado por estabelecer uma parceria por meio desta sua nova obra; estamos felizes com sua disponibilidade e a da Integrare Editora em doar parte das vendas dos livros para que possamos produzir mais filmes para a Campanha Contra Drogas.

Você é especial para todos nós.

Paulo Heise
Presidente da Associação Parceria Contra Drogas

Introdução

O que caracteriza a transição entre o segundo e o terceiro milênio é um grande avanço tecnológico em todas as áreas da sociedade. Isso também acontece no campo das drogas: a todo momento surgem novas drogas. Elas são oferecidas insistentemente a usuários experimentados e também tentam conquistar uma fatia ainda jovem e virgem do "mercado consumidor".

Muitos jovens curiosos, problemáticos ou aventureiros são assolados pela propaganda enganosa e acabam mergulhando nas drogas. A partir daí, a droga atinge os mais preservados recônditos bioquímicos dos neurotransmissores e seus receptores e pode trazer sensações de prazer. Então, antes mesmo de nosso jovem perceber que não consegue mais se livrar dela, a relação entre droga e usuário começa a ficar mais séria, pois foi instalado um novo vínculo – o vício.

Um viciado pode separar-se da droga, mas nunca do vício, que fica adormecido no ex-usuário. Por essa razão, temos de lutar muito diante da tormentosa questão do envolvimento de nossos jovens com o mundo das drogas. A maioria dos jovens não pensa na própria família quando se associa com a droga, mas é a família que tem de arcar com as conseqüências desse problema, e todos sofrem a síndrome dos anjos caídos.

Com este livro, produto de quarenta anos de experiência clínica em consultório e hospitais e no combate às drogas, quero ajudar a família, a escola e o jovem a desenvolverem caminhos de controle ou de superação do uso das drogas.

A *síndrome dos anjos caídos* é o conjunto de comportamentos e sofrimentos pelos quais passa toda a família depois da descoberta que um filho está usando drogas. A despeito de tanto amor e dedicação, o "anjo" caiu nas drogas. A vigilância, então, se acirra sobre o jovem, e este, sentindo-se agredido, ameaçado e diminuído, contra-ataca com agressões e mentiras.

Pais e filhos, professores e alunos, parentes, amigos e colegas: aceitem o desafio de enfrentar as drogas, corajosamente, mesmo nadando contra a correnteza. Minha força estará com vocês através das minhas pesquisas, análises e descrições expostas neste livro: *Juventude & Drogas: Anjos Caídos.*

Içami Tiba

1 O mundo das drogas, atração irresistível

Ela se aproxima dos adolescentes tal qual uma mulher disposta a conquistar um homem: mexendo com seus desejos e fantasias. Da paquera ao casamento, como acontece o assédio das drogas?

Pais, familiares e mestres bem sabem: amor é vida. O mais sublime dos sentimentos revoluciona as leis da matemática: quanto mais se dá, mais se multiplica e fortalece. Une homem e mulher para que, juntos, constituam uma família e cresçam lado a lado. No extremo oposto, a droga seduz e envolve, iniciando uma relação que pode ir da *paquera* ao *casamento*. Entretanto, em vez de libertar o ser humano, essa relação o escraviza.

Como pedras preciosas antes do polimento, as drogas, por si, não têm nenhum poder de atração, são como seres inanimados. O que as faz atraentes é a sedução de seu *marketing*. São vendidas pelo *glamour* e por todo o clima de poder, conquista, sucesso e alegria associados a seu uso.

Toda vez que um jovem assiste a um anúncio de TV que mostra uma situação prazerosa associada às bebidas alcoólicas, por exemplo, sua cabeça está sendo feita. Aquela imagem é recebida num ambiente familiar, o que facilita a sua absorção. Pais, familiares e amigos da família tomam aperitivos ou fumam, o que aproxima álcool e cigarro da criança. Assim, a droga já começa a *paquerar* a criança e o adolescente muito tempo antes de eles se interessarem por ela.

A primeira experimentação é o *ficar* que os jovens tanto conhecem. Não se estabelece nenhum compromisso entre o jovem e a droga: continuam livres e *abertos* a outros *relacionamentos*.

Quem já experimentou uma droga torna-se bastante vulnerável ao desejo de repetir a experiência. Quanto maior for o prazer na *primeira ficada*, isto é, na primeira experiência, maior também será a vontade de voltar a usar aquela droga novamente.

Usos esporádicos, sem muito envolvimento, correspondem ao *rolo*. Criam-se antecedentes que favorecem novas *ficadas* e um relativo compromisso. Quem está de *rolo* já sente ciúme e mágoa quando preterido. Tem vontade de *encontrar-se* com a droga.

Quando começa o *namoro*, já existe um compromisso. A droga assume papel importante em sua vida. O jovem passa a comprá-la, troca atividades costumeiras para poder usá-la e, quando está longe dela, já bate a saudade (fissura).

O *casamento* acontece quando se passa a viver em função do uso da droga. E, independentemente da qualidade do relacionamento com a droga, ela será sempre destrutiva para o usuário, seus familiares e a sociedade.

Álcool

A lenta sedução: paquera

Lembre-se de algum comercial de cerveja. Sempre alegre, cheio de pessoas bonitas e sorridentes em clima de festa. O *marketing* vende uma imagem positiva da bebida. De tanto assistir à propaganda, a criança associa cerveja à alegria. Assim como uma cena triste a emociona, a cena alegre a deixa feliz; desperta a vontade de viver aquela alegria.

Nos eventos sociais, a criança limita-se a tomar refrigerante (cerveja é para gente grande!). Realmente, ela não vê outras crianças bebendo na televisão. Mas fica dentro dela a seguinte idéia: "Quando eu crescer, vou tomar cerveja".

Os anúncios vistos pelas crianças ficam gravados como vontades adormecidas que despertarão na adolescência.

Desse modo, começa a formar uma opinião sobre cerveja. A criança recebe todos esses elementos por meio das propagandas e os engole. A *paquera* intensificou-se.

Muito raramente a criança associa a cerveja como uma bebida que provoca alcoolismo, embriaguez – um problema que ela pode ver em alguns filmes, mas raramente nos comerciais. Em geral, não raciocina pensando nas conseqüências.

Brincando com fogo: "ficada"

Na lei e na educação, há, é claro, a proibição de bebidas alcoólicas para menores. Alguns adultos fazem a criança experimentá-las. "Vai ficar com vontade...", diz alguém. E há adultos que acreditam que crianças não podem passar vontades.

Alguns pais acreditam que não se deve impor limites às crianças, que têm direito a tudo. Se quiser experimentar cerveja, experimenta, ela decide. Trata-se, na verdade, de uma *pseudodemocracia* que esconde a dificuldade de dizer "não". As crianças ainda não estão capacitadas para decidir se devem ou não tomar cerveja.

Assim como se prepara para ir a uma festa e *ficar* com alguém, expectativa semelhante toma conta do jovem ao experimentar a primeira cerveja, principalmente quando acontece longe dos pais. É mais gostoso ficar com alguém que já foi paquerado antes. A ficada é o segundo estágio da relação: paquerou, *ficou*. Então a pessoa pode gostar ou não.

Se gostar, sem dúvida repetirá a experiência. Se não gostar, ainda assim poderá fazer outra tentativa. Nessa fase em que sua identidade está sendo construída, se todo mundo gosta e ele não, conclui que deve haver algo errado com ele. Para não ser diferente dos outros, para se sentir seguro e aceito por eles, precisa fazer exatamente o que os outros fazem. É a absorção dos costumes dos pares (colegas, companheiros, amigos etc.).

Primeiros porres "rolo"

Ficar com a bebida é um pouco diferente de ficar com uma pessoa, já que existe uma ação química do álcool no organismo. Daí a sensação de euforia: sob o efeito do álcool, a pessoa faz o que normalmente a timidez a impediria de fazer. Nas primeiras *ficadas*, o adolescente está sujeito a perder o controle, beber muito mais do que o cérebro agüenta e ter complicações, dar vexames, vomitar, passar mal. Mesmo que pare de beber nessa hora, a tendência é piorar, porque ainda há álcool no tubo digestivo para ser absorvido, o que aumentará ainda mais o nível alcoólico no sangue. O adolescente pode chegar ao ponto de apresentar um quadro sério e ter de ser levado às pressas para um hospital.

Além do perigo de beber demais e dar vexame, ao ficar com o álcool, o adolescente corre o risco de sentir-se poderoso e se meter em confusões.

A maioria aceita com naturalidade esse primeiro *porre*. Alguns empregam uma expressão que atenua a gravidade do ocorrido: "Esse é o batismo dele". Depois da complicação, muitos jovens prometem: "Nunca mais vou colocar um gole de bebida na boca".

Além disso, a euforia que vem com a bebida dá uma sensação de poder muito grande. O alcoolizado não agüenta desaforo e quer partir logo para a briga. O maior responsável por violência e brigas em festas é o álcool. Depois a cerveja passa a ser usada para alterar a consciência: como droga, portanto, e não como bebida social. Assim, cada vez que o jovem encontrar cerveja, ele beberá. É a fase do *rolo*.

Beber é o que importa: namoro

O *namoro* envolve compromisso. É como se a pessoa saísse para encontrar cerveja. A turma não é mais tão importante, a festa também não. O que importa é beber. Da mesma forma que, para quem namora, o importante é estar com o amado; pouco importa o lugar.

O namoro pode estacionar, e o jovem bebe cerveja de maneira controlada, sem alterar muito sua consciência, assim como alguns casais continuam namorando sem maiores compromissos; ou... aumentar cada vez mais as doses.

O namoro com o álcool nunca é saudável, uma vez que este é depressor do Sistema Nervoso Central. O abuso do álcool pode levar à morte por overdose. O *casamento* acontece quando se começa a organizar a vida em função da bebida. Ela é mais importante que qualquer outra coisa, vive-se em função do álcool. Ele participa de toda atividade: se o jovem vai fazer compras, inclui o álcool; se a família não aceita o fato, guarda a garrafa dentro do armário e bebe escondido.

Quem casa com a bebida já é alcoólatra.

Em lugar de um vínculo construtivo baseado no amor, a pessoa sofre de uma doença que a torna um dependente químico, o alcoolismo. É um casamento de difícil dissolução. A separação de corpos é possível, mas o vício permanece adormecido na pessoa pelo resto da vida. A qualquer descuido, ele pode acordar e reatar esse tumultuado casamento.

Cigarro

Parece ter sabor agradável

A criança recebe um estímulo muito forte quando seus modelos pais e familiares fumam. E, embora menos comuns nas cidades grandes, brincadeiras com cigarro ainda resistem no interior. A criançada fuma talos de plantas como o do chuchu; brinca de fumar como a sua criatividade lhe permite.

O exemplo vivo é mais forte do que a televisão, já que a fumaça, para a criança, é altamente lúdica. Ela se diverte desmanchando com os dedos as imagens formadas pela fumaça.

Se na brincadeira o cigarro ocupa uma área de prazer, é só dar mais um passo no futuro para perceber que o jovem transforma aquelas brincadeiras em fumar de verdade. A fumaça, materialização visual do cigarro, continua sendo lúdica para vários adultos.

Um inimigo a combater

Ao descobrir que o cigarro faz mal à saúde através dos noticiários, dos pais ou da escola, a criança começa a patrulhar os fumantes, sobretudo aqueles que são compulsivos. Sua vigilância é constante, não mede hora nem local e, às vezes, coloca os adultos em situações embaraçosas. E, por não conseguirem superar o vício, muitos pais respondem mal a tal situação, chegando a maltratar seus filhos. Essa barreira que as crianças têm contra o cigarro – saber que ele faz mal à saúde – é, então, quebrada por esses adultos. O que os pais usarem para defender o vício é o que o adolescente usará para defender o seu[1].

Se os pais não conseguirem parar efetivamente de fumar, deveriam, pelo menos, não fumar na presença dos filhos.

Fumantes se esquecem de que fumar é um problema também para as pessoas próximas. Além disso, o nariz não seleciona o ar que respira; e o fumante transforma em fumante passivo quem estiver por perto.

A reviravolta

Enquanto a criança vai perdendo o combate, pois os tabagistas continuam fumando na sua frente, ela vai mudando

---

[1] Leia mais sobre o assunto em TIBA, Içami "Pais tabagistas... filhos canabistas". In: *Saiba mais sobre maconha e jovens*. São Paulo: Ágora, 1998, p. 85.

suas convicções, até que um dia quer experimentar: é a fase da *paquera*. De repente, parece que no mundo só existem tabagistas. Se entre dez pessoas uma fuma, é essa que será observada, e não as nove não-fumantes. Quem fuma passa a ser atraente. Há quem acenda o cigarro e solte a fumaça fazendo charme. Outros associam o hábito a atividades como almoçar, tomar café, trabalhar, dirigir. Cada um desses gestos é observado na *paquera*. A idéia de que cigarro faz mal à saúde vai ficando cada vez mais distante. Nasce a vontade de experimentar.

Depois de tanto assédio, o adolescente acaba *ficando* com o cigarro. Isso acontece num certo clima de ansiedade: rouba um cigarro de alguém, reúne amigos e fumam escondidos. Raramente experimentará sozinho, porque com o grupinho a aventura, risco e prazer são compartilhados.

A primeira experimentação, em geral, é horrorosa, pois o fumo produz uma reação química que pode acarretar náuseas, taquicardia, uma vontade terrível de vomitar, enjôo, tonturas, às vezes até estimulação intestinal. É o corpo reagindo aos efeitos da nicotina.

Do mal-estar à dependência

O mal-estar é a segunda oportunidade que a vida lhe dá para não fumar. A primeira foi o conhecimento sobre os efeitos nocivos do cigarro, que o adolescente nega ao *ficar* com ele. Agora é o corpo que reclama do cigarro.

Apesar da desagradável sensação física, muitos insistem. Com o passar do tempo, acabam anestesiados, esquecem a sensação desagradável e fumam outra vez. Na segunda *ficada*, a reação já não é tão severa. Criou-se tolerância a esse tipo de efeito do cigarro.

Quem *fica* pela segunda, terceira vez começa a querer *desfilar* com o *ficante*. Quer dizer: fumar aumenta a vaidade pessoal. Vejamos a contradição: dentro de casa, esconde dos pais que roubou o cigarro, e fora dela se exibe.

Como o tabaco produz dependência física, a vontade de fumar é constante. Rapidamente a pessoa fica de *rolo* com o cigarro. Cada vez que se aproxima de um fumante, *fila* um. Pede sempre que vê, já não consegue mais resistir, é a fase do *simedão* (se me dão, eu fumo).

O jovem já está *namorando* o cigarro, embora ainda não tenha assumido. Durante a etapa do *simedão*, acaba criando gosto por uma marca específica. Depois de tanto cercar quem fuma essa sua marca preferida, resolve comprar o primeiro maço. Em geral, quando passa a comprar, está consagrando o *casamento*.

Quem compra vai fumar. Sentiu vontade?
É só tirar um do maço, não precisa nem pedir.

A partir daí, não vai a lugar nenhum sem o maço no bolso. O tabagista é casado com o cigarro. O vínculo dele com o cigarro ganha importância, e a vontade de fumar passa a ser constante.

Maconha

Cabeça feita

O caminho para chegar ao *casamento* com as drogas ilegais é bem parecido com o percorrido por dependentes de álcool e cigarro. O que muda é a *paquera*, pois não se vêem comerciais elogiando as virtudes da maconha ou da cocaína, por exemplo. Pelo contrário, as propagandas sobre o tema transmitem a mensagem oposta, de que as drogas são verdadeiras "drogas" (coisas ruins).

Os pais dizem que maconha é ruim, que é a porta de entrada para outras drogas, que destrói a pessoa e a família. Na escola, a criança aprende que droga faz mal, e por volta da quarta, quinta série, a criança já dispõe de alguma informação sobre a maconha. Dessa maneira, como tem pouco acesso aos elementos sedutores das drogas ilegais, ela fica com a imagem de que são ruins. Olha torto. O patrulhamento feito por ela é pior até do que no caso do cigarro. Por essa razão, a criança fica preservada até a fase em que começa a ter mais independência ou liberdade.

Quando passa a freqüentar festinhas, a ficar mais tempo na escola, no clube e a sair com amigos, o adolescente repara no outro lado da maconha, naquele sobre o qual as pessoas nunca falavam.

Um dia fica sabendo de alguém que *canabisa*[2] ou fuma maconha. Talvez nem se interesse pela pessoa, porém o

---

[2] Criei o termo canabisar para o ato de fumar maconha por analogia com *canabiser*, do francês, que designa o uso da maconha. O nome científico da planta da qual a maconha se origina é *Cannabis sativa*.

mais comum é querer se aproximar para checar os conhecimentos que já tem. E aí, a grande surpresa! No lugar de um ser humano em destroços, encontra-se uma pessoa simpática, que faz sucesso na turma. E com um ou dois anos a mais do que ele. Então, se for inseguro e quiser parecer mais velho, acha que conseguirá ao acender um baseado.

Aos poucos, o adolescente vai reunindo muita informação sobre a maconha, que contradiz tudo o que aprendeu quando criança. Não importa se as fontes são pouco confiáveis.

Sem acesso à verdade das informações, o jovem acredita no que vê e testemunha. Aprende a aceitar os velhos argumentos de que "a maconha faz menos mal do que tabaco e álcool". Na cabeça dele é isso mesmo que parece. "Então, por que não legalizam a maconha, já que existem coisas piores que são legalizadas?" Ele se baseia em informações erradas, sem comprovação científica, que minimizam os prejuízos e maximizam o prazer.

A *paquera* já começou há muito. Nessa etapa, nasce o desejo de experimentar maconha. "Se todo mundo fuma (canabisa), por que eu não vou fumar (canabisar)?" Esse desejo brota justamente no momento em que o adolescente está mudando de referências e quer se relacionar com pessoas de sua idade. Agora os amigos passam a ser mais importantes do que a família. O que os amigos falam e fazem é supervalorizado, enquanto as posições da família são desdenhadas. A influência dos pares passa a ser mais forte que a dos pais.

Curiosidade e desejo

A primeira experiência em geral é feita em grupo, ao lado de alguém que canabisa há mais tempo. Acontece bem longe dos pais, sob um clima de amizade, cumplicidade, aventura e expectativa. O fato de ser ilegal não o impede de experimentar. Requer apenas um pouco mais de cuidado, para não "dar bandeira" ou "pala" (aparentar) e não "dançar" (ser surpreendido em flagrante).

Diferentemente do que os pais imaginam, nenhum canabista ou eventual usuário obriga outro adolescente a dar a primeira fumada. Seja qual for o motivo, o desejo de experimentar já existe dentro dele, aguardando o momento de ser concretizado.

A primeira *ficada* com a maconha é diferente da relação com o cigarro. Em quantidades pequenas, a erva não traz grandes alterações psicológicas, só euforia, como "rir de bobeira", "rachar o bico". O riso é espalhafatoso, exagerado. Por isso, é muito comum o *ficante* nada sentir nas primeiras duas ou três experimentadas.

Proibir é um estímulo

Além disso, como o proibido parece mais gostoso, a iminência de praticar um ato ilegal aumenta a emoção. Segundo a neurocientista Suzana Herculano-Houzel, no seu livro *O cérebro em transformação,* "a euforia do comportamento de risco vem da liberação de grandes quantidades de dopamina sobre o núcleo acumbente, associada à ação direta de outro hormônio do estresse, o cortisol, este sim capaz de atravessar a barreira entre o sangue e o cérebro e ativar diretamente o sistema de recompensa"[3]. Simplificando o que Houzel diz: o estresse estimula a *glândula supra-renal* a produzir o *cortisol* que pelo sangue chega até a área *tegmentar ventral do cérebro*, que então despeja *dopamina* sobre os neurônios do *núcleo acumbente*. Assim funciona o sistema de recompensa.

Sistema de recompensa

A ação comportamental é formada no córtex pré-frontal, e a área tegmentar ventral recebe através dos órgãos dos sentidos as informações corporais do ato realizado. Se tal ação obtiver sucesso, os neurônios dessa área despejarão o neurotransmissor dopamina sobre os neurônios receptores do núcleo acumbente. Quando se ativa esse sistema, o organismo sente um grande prazer. Esse prazer estimula a repetição daquela ação para produzir mais prazer, sob a forma de desejo.

O prazer é resultante da estimulação desse sistema. Tal estimulação é resultante da ação realizada pela pessoa. Resumindo, essa ação provoca prazer. Todas as experiências e ações da vida que provocam prazer alimentam o sistema de recompensa, e é graças a esse sistema que a vida continua, isto é, buscamos comer, dormir, ter vida sexual etc. Entretanto, é também graças a ele que surge o vício.

O vício se caracteriza quando há três condições:

[3] HERCULANO-HOUZEL, Suzana. *O cérebro em transformação*. Rio de Janeiro: Objetiva, 2005.

1 compulsão repetitiva para buscar aquele prazer;
2 tolerância aumentada, ou seja, é preciso doses cada vez maiores;
3 síndrome de abstinência, o organismo e/ou a psique sofrem sua falta[4].

Assim, essa primeira *ficada* acaba sendo uma aventura realmente sedutora, e dela surge a vontade de experimentar mais. Repetir a experiência corresponde ao primeiro uso da maconha com a finalidade de voltar a sentir o que já sentiu. Quanto maior o prazer da primeira vez, tanto maior será a vontade de tornar a senti-lo. Por se tratar de algo ilegal, não pode ser uma canabisada ostensiva. Entretanto, como o próprio usuário se acostuma com o uso, também a sensação de ilegalidade vai diminuindo. Cercado de outros usuários, ele tem a impressão de que todo mundo fuma.

Não são as más companhias que aliciam o filho ou fazem pressão para que ele use drogas, já existe dentro dele o desejo de experimentá-las.

A preocupação quanto à legalização ou não da maconha costuma aparecer depois da *ficada* e cresce quanto maior for o envolvimento com ela. É muito difícil um adolescente que não usa maconha defender sua legalização.

---

[4] "...ter um vício é o caminho mais certo para adquirir outro – o que também casa direitinho com a idéia de que todos eles passam pelo mesmo lugar: o sistema de recompensa do cérebro." (HERCULANO-HOUZEL, Suzana. *Sexo, drogas, rock'n'roll... & chocolate: o cérebro e os prazeres da vida cotidiana*. Rio de Janeiro: Vieira & Lent, 2003, p. 33.)

Conquistando o "namorado"

Depois de *ficar* vem o *rolo*. É *rolo* quando, para ir a algum lugar, o adolescente canabisa antes de sair. Chega ao local com a *cabeça feita*, sem ter de fumar na hora. Em pouco tempo, já está namorando a maconha às escondidas. Daí, pode fumar mais que o necessário para entrar no clima de euforia e chegar *chapado* à festa. Se antes bastava uma canabisadinha para aproveitar melhor a festa, agora não. E ele fica tão "ligado" na maconha que nem curte a festa. Fica mais apagado, mais isolado, mais largado, na periferia da festa. Está sob o efeito da maconha, namorando a droga.

Ao ficar chapado, o adolescente ultrapassou o uso social da maconha para se embriagar. Canabisar já está fora do controle de sua vontade. Ele necessita do efeito químico da droga.

De amante a má esposa

Nesta fase, o canabista já compra maconha e, se a tem, vai usá-la. A canabisada deixa vestígios que precisam ser apagados da mesma forma de quem é casado e tem amante, que procura eliminar os vestígios do amante antes de voltar para casa. O usuário de maconha pinga colírio para disfarçar os olhos vermelhos, usa chicletes e perfumes fortes para esconder o hálito e o cheiro típicos de canabista.

Mas, se o canabista está *casado* com a maconha, guarda-a em casa. Como numa relação extraconjugal, é como se o cônjuge traidor levasse o amante para dentro do quarto.

Aí tem de limpar os vestígios da presença dela, escondendo todos os apetrechos usados para canabisar, além de dissipar a própria fumaça (chamada *marofa*).

Disfarçar a fumaça é o que mais dá na vista, pois requer o emprego de incenso, desodorantes, perfumes fortes e ventilador, este último mais para purificar o ar do quarto do que propriamente para ventilar. Às vezes, o adolescente fuma no banheiro, usando a janela como cinzeiro: bate as cinzas do lado de fora. Depois, abre o chuveiro e deixa escorrer água bem quente. O vapor da água ajuda a dissipar a marofa.

Assim como a pessoa apaixonada esconde cartinhas e bilhetes, o usuário da maconha guarda a seda, o dichavador, a piteira, a "marica" (cachimbos artesanais feitos com diferentes materiais e em diversas formas). A presença de petrechos é altamente comprometedora, pois só carrega acessórios quem estiver canabisando.

A família normalmente demora mais de um ano para descobrir que o adolescente esconde maconha dentro de casa. E, quando os pais a encontram, ele diz que é de um amigo e estes geralmente acreditam.

O *casamento* com a maconha é sempre destrutivo. A maconha tem uma substância química chamada ácido delta-9-tetraidrocanabinol (THC) que lentamente mina as capacidades intelectuais da pessoa: compromete a atenção, concentração e memória. Produz uma apatia que não é própria da adolescência. O usuário prefere ficar sozinho a estar com amigos não-usuários. Mesmo que a maconha seja muito importante na vida de alguém, é possível desfazer essa união infeliz. Mas o usuário vive se iludindo em dizer que fuma "porque quer e pára quando quiser".

Menos ruim passa a ser bom

"Em terra de cegos, quem tem um olho é rei", assim diz um ditado popular. Ser rei em terra de cegos é ser o melhor entre os piores de visão. Mas na vida será melhor ter um só olho do que os dois? A maioria dos que usam maconha justifica seu uso dizendo que ela faz menos mal que álcool e cigarro. Não há por que fazer comparações entre as que fazem mal, qual é a pior ou a menos má? Por que não comparar também com o bom e o melhor?

A maconha não é pior nem melhor que outras drogas. Ela é diferente.

Quando comparado com o pior, o menos ruim torna-se melhor. Num campeonato, o segundo colocado pode ser melhor que o terceiro, mas perdeu para o primeiro. Comparar-se com o pior alimenta a vaidade e a onipotência do frágil sobre o mais fraco e esconde a inferioridade e a covardia de comparar-se com o melhor. É uma maneira de mostrar-se superior, mesmo sabendo de sua inferioridade.

Quando um usuário escolhe sua droga, está se baseando em um critério. Mais que combater cegamente o uso indo totalmente contra a droga, vale a pena descobrir qual foi o critério utilizado e o conhecimento envolvido para escolher a droga.

Mas ele usa...

Infelizmente, na sociedade vencem as informações que banalizam os efeitos da maconha, enquanto as informações científicas e psicológicas que dão a real dimensão do seu uso não ganham o espaço merecido e necessário. A fama dá poder a suas palavras, que pouco ou nada têm de científico e psicológico. Falar sobre aquilo de que não se tem verdadeiro conhecimento é falta de responsabilidade social, pois o público que reconhece sua notoriedade tende a acreditar nessas palavras.

A maioria dos usuários a que atendo minimiza seu uso para os pais se estes descobrem. O sonho dos pais está muito longe da realidade desses filhos, que podem contra-argumentar: "Que diferença existe entre meu baseadinho de fim de semana e o seu uísque (ou cigarro) de todos os dias?

Um usuário de drogas sempre encontra outro em piores condições. Por isso, não se comparar com alguém em melhores condições é um mecanismo de defesa do usuário.

O aperitivo do pai num fim de semana ou o pesado tabagismo da mãe não diminuem a ação da maconha no organismo do filho.

O que os pais não devem fazer é minimizar os próprios vícios e problemas. É melhor confirmar para o filho que eles têm, sim, os seus problemas. Mas isso não deve ser encarado como justificativa ou permissão para que outras pessoas, em especial os próprios filhos, façam uso de drogas.

Basta ser gostoso que é bom

Quando pergunto aos jovens por que usam maconha, é comum ouvir a resposta: "Porque é bom". Se pergunto por que é bom, invariavelmente eles dizem: "Porque é gostoso, porque dá prazer".

Nesse diálogo, como vemos, transparece a confusão de critérios entre bom/mau e prazer/desprazer. Bom ou mau é um critério racional que o ser humano estabeleceu por meio da teoria e da prática, à medida que algo faz bem ou mal para a vida. Prazer/desprazer é um critério pessoal de sensação física, não depende de nível social, cultural e econômico, de estado civil nem de outro critério racional, pois pode-se dizer que faz parte do instinto de sobrevivência do ser humano.

A fome, por exemplo, é desprazerosa. Obriga o ser vivo a buscar a saciedade que acaba com esse sofrimento. Portanto, comer é bom e dá prazer. Mas nem tudo que é bom é prazeroso. Tomar uma injeção intramuscular de penicilina não é algo que dê prazer; pelo contrário, é muito dolorido. Mas é bom porque acaba com a infecção. Assim, nem tudo que é gostoso é bom. As drogas são prazerosas, isto é, dão prazer aos seus usuários. Mas depois chega uma fase em que o uso serve apenas para aliviar o sofrimento causado pela falta da droga. Portanto, deixa de ser prazeroso. Enfim, a droga não é boa mesmo que ela dê prazer.

Maconha vicia, sim!

O grupo de cientistas de Steven Goldeberg, no National Institute of Health (NIH) dos Estados Unidos, conseguiu comprovar em experiências de laboratório com macacos que a maconha vicia mesmo. Ou seja, a maconha não é tão diferente da cocaína como se pensava. Segundo Suzana Herculano-Houzel, "... a maconha, como outras drogas, age no sistema de recompensa do cérebro, ativando o núcleo acumbente. Quando estimulado diretamente, esse sistema produz sensações de prazer e euforia no homem"[5].

Está comprovado cientificamente que a maconha vicia. Cai, assim, por terra o argumento dos usuários "fumo porque maconha não vicia". E eu já tinha certeza de que a maconha vicia, pois atendi em meu consultório muitos adolescentes *viciados* em maconha.

---

[5] HERCULANO-HOUZEL, Suzana. *O cérebro nosso de cada dia: descoberta da neurociência sobre a vida cotidiana.* Rio de Janeiro: Vieira & Lent, 2002, p. 112.

Cocaína

Alta periculosidade

Seus usuários definem a cocaína da seguinte maneira: "gostosa, mas perigosa". As notícias constantemente veiculadas na imprensa de que foram apreendidos tantos quilos de pó remetem à figura do traficante de droga, alguém envolvido com crimes e mortes. Os jovens confirmam essa idéia: "Cocaína é droga pesada, eu só uso droga leve".

Essa periculosidade estimula uma *paquera* diferente. Quem já usa maconha vai para cocaína em busca de um outro prazer, maior, já que a maconha vai se tornando cada vez menos prazerosa. Na busca desse prazer maior o usuário não se preocupa com o tipo da droga.

A primeira vez

Os jovens experimentam o pó (cocaína) em festas, normalmente depois de beber um pouco, para se divertirem ainda mais. Sem ter bebido antes, o experimentador está mais preso à autocensura, portanto apto a controlar o impulso: ele sabe que não deve porque é perigoso, mas a censura interna é derrubada pelo álcool. E o ser humano sem censura realiza os seus desejos, sejam eles adequados ou não.

O jovem usa a cocaína porque ela está disponível, já existia uma *paquera* e/ou por falta de outra droga. Essa *ficada* é tão intensa que depois, mesmo longe das festas, o adolescente vai querer repetir a experiência.

A fatalidade está no poder viciante da cocaína, proporcional ao prazer provocado. Ela dá ao usuário a sensação de que tudo fica mais brilhante. Por isso é também chamada de *bright* (brilho). Trata-se de um psicoestimulante com efeito rápido e passageiro que faz a pessoa desejá-la mais e mais. Causa vivacidade e agitação, euforia e prazer. Porém, entre quinze e trinta minutos, a euforia e o prazer desaparecem, cedendo lugar à depressão e ao desprazer. O jovem, então, não pára quieto, tem mal-estar. Para diminuir o desconforto, recorre a outra droga: muitas vezes grande quantidade de bebida de alto teor alcoólico, tranqüilizantes e até mesmo a maconha.

Uma bola-de-neve

Ao usar cocaína, o usuário adquire o brilho químico da droga e uma forte sensação de prazer. Quando os efeitos passam, o estado residual é pior que o estado normal de antes do uso da droga. Seus efeitos residuais tendem a crescer, tornando insuportáveis a agitação e a depressão que sobram depois. Além disso, o organismo rapidamente desenvolve tolerância ao pó. A tendência da pessoa é aumentar a dose para conseguir chegar ao brilho que já experimentou.

A *ficada* evolui rapidamente para *namoro*. Salvo raras exceções, nem há a fase intermediária do *rolo*, demonstrando já a força do perigo.

Quando experimenta cocaína pela primeira vez, o adolescente ainda tem a possibilidade de controlar a situação.

Depois, a droga assume o comando, o usuário quer cada vez mais o pó. Diferentemente do cigarro, da maconha e do álcool, a cocaína tem que ser comprada. O cocainômano (aquele que sofre da dependência psíquica da cocaína) paga preço de ouro pelo pó, pois um grama de cocaína custa seu equivalente em ouro. A cocaína produz um *casamento* esquisito. O cocainômano pode ficar até meses sem usá-la, mas não resiste ao vê-la. A compulsão para usá-la o domina. A droga não causa dependência física, e sim psicológica. O usuário fica totalmente submetido ao desejo de usar o pó. Torna-se escravo desse desejo e, depois, escravo do uso. Daí vem o termo *adicção* à droga. Tal vontade de usar a cocaína domina tanto o usuário que ele só pára quando o pó acaba, não conseguindo guardá-lo para usar no dia seguinte.

Entretanto, devemos dizer que em determinados meios profissionais a cocaína não é tão condenada, porque em pequena quantidade tem o poder de aumentar a eficiência de trabalho.

O casamento saudável traz felicidade e crescimento para ambos. Porém, no *casamento* com a cocaína, existem somente *promessas* de felicidade (só o brilho). Logo, o usuário arcará com prejuízos físicos, psicológicos, econômicos, profissionais, familiares e sociais. Rapidamente a cocaína acaba com tudo. E isso tem de ser dito aos jovens!

Quem tem a vontade soberana de usar a cocaína não consegue fazer outra coisa além de cheirar ou se picar (injetar). Se falta dinheiro, a pessoa rouba e/ou se prostitui. Se não há água para diluir o pó, vale qualquer líquido. Se não há mais veias nos braços onde aplicar, descobre vasos nos locais mais inusitados, chega a provocar uma ereção só para injetar o pó no pênis. Essa vontade tão forte é a compulsão, lembra um estado psicótico, e pode levar o cocainômano a morrer de overdose.

Crack

Fisgado para sempre

Neste caso, dificilmente ocorre a *paquera*. A pessoa experimenta o *crack* por falta de alternativa. Quer usar droga, não encontra cocaína, contenta-se com o que tiver. "Tem pouco dinheiro? Leva *crack*, que é mais barato!"

O *crack* não é oferecido pelo próprio consumidor, como acontece com a maconha. É o traficante que vem com essa oferta. Uma vez no *crack*, a pessoa passa a querê-lo *sempre*. Seu usuário vê vantagens em comparação à cocaína: é mais barato e produz sensações mais intensas. Entre os craqueiros, existe um pesado presságio: "Experimentou uma vez, está fisgado!". O inconveniente é que seus efeitos passam ainda mais depressa que os da cocaína, o que torna o *crack* mais viciante e, por isso, mais dispendioso.

A maioria dos craqueiros já usou outra droga antes.

Casamento com o *crack* é uma complicação. Maconha, a pessoa compra para guardar e usar em casa. Cocaína até dá para levar para casa, embora dificilmente se consiga escondê-la, o *crack* nem chega a ser levado; é consumido onde foi comprado. O usuário entra num processo de só parar de usar quando acabar o dinheiro ou a droga.

Um barato muito caro

Se o dinheiro acabar, o usuário não tem o mínimo escrúpulo em roubar ou se prostituir para conseguir dinheiro. Quer dizer, o desejo pelo *crack* acaba com todos os valores morais e éticos. Se o usuário de *crack* não voltar para casa, é bem provável que ele tenha se isolado num hotel, num beco qualquer ou até mesmo na rua para fumar. Pode emagrecer vários quilos por ficar sem comer nem dormir. Banho, nem pensar. Com roupas imundas, geralmente sem nenhum dinheiro nem objetos pessoais que tenha algum valor... é comum o usuário de *crack* estar envolvido em outros crimes além do uso da droga.

Ecstasy

Destruição do prazer fisiológico

Conhecido também como "love" e "pílula do amor", o *ecstasy* é uma droga sintética, um derivado da anfetamina (MDMA), forte estimulante do sistema nervoso central. É tomado sob forma de comprimidos e o seu consumo tem aumentado dramaticamente. No cérebro, atinge e desregula os centros responsáveis pela temperatura corporal. Dessa maneira, a temperatura corpórea pode atingir 41°C, podendo ser fatal. Com essa temperatura, o corpo necessita de muita água e acaba pagando qualquer preço por ela. Há *raves* nas quais a água é mais cara do que as bebidas alcoólicas.

Ele destrói a serotonina, responsável pelo prazer, e a longo prazo a capacidade de sentir prazer fica prejudicada. Como ele é metabolizado pelo fígado, pode causar também hepatite aguda. Seu uso prolongado é tóxico ao cérebro, provocando a perda da memória e, ainda, depressão e pânico.

Ainda sob o efeito do *ecstasy*, os sintomas provocados no usuário são: boca seca, muita sede, náusea, aumento da temperatura corporal, sudorese e desidratação. E apesar de todo esse quadro, os usuários justificam o uso dizendo encontrar euforia, maior energia, aumento da sensibilidade corporal e do desejo sexual, mas sem ereção.

Sextasy

É uma associação de drogas que o usuário faz tomando *ecstasy* junto com medicamentos como Viagra®, que mantém a ereção.

Crystal

Apesar de muito recente, é uma das drogas sintetizadas mais usadas pela juventude nos Estados Unidos. Ainda não atendi ninguém que a tenha usado aqui no Brasil, e são pouquíssimas as pessoas que a conhecem. Como medicamento, era usado como descongestionante nasal. Trata-se de um psicoestimulante da família das metanfetaminas, do mesmo grupo do *ecstasy*. Também usado em *raves*, o *crystal* pode ser cheirado, fumado ou inalado. Também chamado de "Cristina", tem a forma de uma pedra de cristal, daí seu nome, e provoca taquicardia, aumento de pressão arterial, aumento da vigília e capacidade física para ficar muito tempo dançando, mas há agravantes, como irritabilidade, agressividade, agitação psicomotora, aumento de temperatura corporal, que pode chegar a 41ºC, e pode, ainda, provocar crises convulsivas.

Inalantes

São os produtos voláteis que logo se transformam em gases, processo popularmente conhecido como evaporação, que são inalados acidental ou propositadamente. Acidentalmente, podem ser aspirados por trabalhadores de postos de gasolina, por exemplo; e propositadamente quando as pessoas o aspiram buscando os efeitos que eles produzem no cérebro e no corpo.

Apesar de serem comumente usados pelos jovens de qualquer classe social e econômica, seus efeitos prejudiciais são pouco conhecidos por seus usuários[6].

Os motivos de seu uso são:

- *Início de efeito muito rápido* – Após inalada, a droga chega ao cérebro e produz seus efeitos em menos de 30 segundos.
- *Efeitos buscados* – Inicial desinibição e euforia seguidas de tonturas com ou sem alucinações.
- *Baixo custo* – Quase de graça se comparada com outras drogas.
- *Facilidade de aquisição* – Encontra-se em qualquer lugar, mesmo dentro de casa.
- *Legalidade* – Sua posse não é ilegal[7].

Esse vício é muito grave, pois provoca morte súbita por arritmia cardíaca. Entretanto, pode-se morrer também pela sufocação pelo saco plástico usado para cheirar ou por aspiração de vômitos quando se perde a consciência. Seus efeitos, segundo Galduróz & Noto, podem ser sentidos por fases:

---

[6] Segundo pesquisas feitas pelo Cebrid/Unifesp, os inalantes são usados mais que a maconha e outras drogas, com exceção do álcool e do cigarro. Essa mesma pesquisa mostra que o uso dos inalantes está diminuindo ano a ano, enquanto o de maconha está aumentando numa proporção cada vez maior a cada ano.

[7] SEIBEL, Sérgio Dario; TOSCANO Jr., Alfredo et al. *Dependência de drogas*. São Paulo: Atheneu, 2001, p. 154. Colaboração de Galduróz & Noto.

1ª fase: excitação com euforia, tonturas, alterações auditiva e visual, náuseas, espirros, salivação, fotofobia, vermelhidão na face.

2ª fase: depressão inicial do SNC (Sistema Nervoso Central), com confusão mental e visão embaçada.

3ª fase: depressão média do SNC com redução acentuada do alerta, sem controle ocular e motor, fala pastosa e diminuição dos reflexos.

4ª fase: depressão profunda do SNC, podendo chegar ao coma e convulsões.

Como efeitos de uso crônico, além da perda da memória e iniciativa, também causa a perda de peso, disfunção cerebelar, demência, danos orgânicos de rins, fígado e coração. Muito viciante, sua abstinência provoca ansiedade, tremores e cãibras.

Os inalantes mais usados são benzina, fluido de isqueiro, tíner, cola de sapateiro, cola de madeira, removedores domésticos de tintas, esmalte de unha, lança-perfume etc.

Apesar da destruição dos neurônios que os inalantes provocam, eles também acionam o circuito de recompensa.

Nem sempre há *paquera* com inalantes. Quem está usando oferece a quem está por perto e estimula-o a sentir o barato. É a *ficada* que acaba "contagiando a mente", isto é, que faz o próximo a ser um usuário. Como existem em abundância onde vivemos, as pessoas podem cheirá-los à vontade. Pela presença física, freqüência de uso, pelos efeitos físicos e psíquicos, esses produtos têm também poder viciante. É o *casamento*.

Medicamentos

Na semilegalidade

Embora o termo soe estranho, ouve-se falar das drogas semilegais. São os tranqüilizantes, os remédios para emagrecer (anoréxicos, bolinhas, anfetaminas), a morfina (por si, um potente analgésico). O que torna esses medicamentos legalizados é a receita médica, pois o seu mal uso pode viciar. Sem ela, teoricamente, não se consegue adquirir esses psicotrópicos.

A *paquera* do jovem com esses medicamentos acontece graças aos usuários, que se encarregam de divulgar seus "notáveis" efeitos, e o ouvinte, claro, se predispõe a empregá-lo em situação semelhante.

É freqüente um aluno tomar um remédio para passar a noite em claro, estudando para uma prova. O nome desse remédio é logo divulgado e seu uso, generalizado. Um médico receita uma fórmula para emagrecer, e a paciente a empresta a uma amiga por ter efeito bom. A receita é difundida boca a boca. Essa fórmula passa a ser usada sem prescrição médica e adquirida no câmbio negro. Depois dessa *paquera*, só falta o *ficar*.

A pessoa começa a se automedicar
a partir da sugestão de um amigo.
Até que não consegue mais viver sem o remédio.
É a dependência.

Instalada a dependência física ou psicológica, a pessoa toma mais medicamentos, não mais para ficar acordada de madrugada ou para emagrecer, mas para sentir seus efeitos no corpo e na mente. Passa a utilizá-lo como droga: é o *casamento*.

De tempos em tempos, alguém descobre uma substância, medicamentosa ou não, que atua como droga e passa a divulgá-la entre os amigos. Assim começa a *paquera*. É o caso da B25, por exemplo, uma cola acrílica para trabalhos manuais que está sendo cheirada como droga e atraindo os jovens.

Embora o final seja sempre semelhante, cada droga envolve detalhes específicos, nuanças podem ser percebidas somente pelos seus usuários. Para quem está longe do problema, todas as drogas parecem iguais.

2 Tráfego dos usuários

Os seres humanos habitam a superfície da Terra, mas são os únicos que podem subir aos céus ou descer às profundezas. As drogas promovem aos seus usuários uma andança (tráfego) em direção ao fundo.

Na superfície vivem as pessoas usuárias e não-usuárias de drogas. Quando as pessoas usam drogas passam a ter características comuns às drogas usadas. Essas características compõem um andar do subsolo. São vários os subsolos por onde trafegam os usuários. É o fluxo dos usuários entre as várias drogas. Vem daí o nome fluxograma. Para facilitar a compreensão desse fluxograma dos usuários de drogas, considerei somente os abusos de álcool, cigarro, maconha, cocaína e *crack*. Cada leitor poderá incluir nele as anfetaminas, os anoréxicos, as medicações, os solventes...

Fluxograma dos usuários de drogas

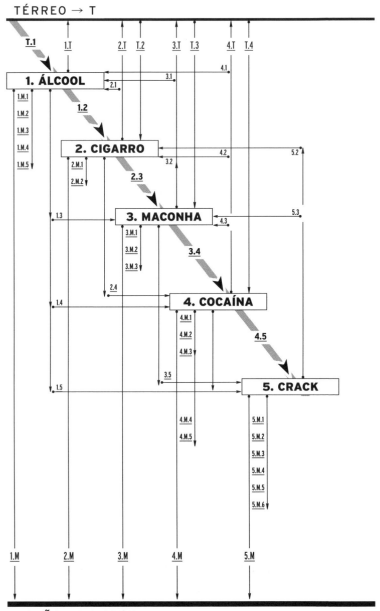

Bebida, de gole em gole

Abaixo do andar térreo (T) encontra-se o 1º subsolo, o *andar do álcool* (1). Uma rampa (T.1) leva a esse lugar, freqüentado por quem bebe com exagero modificando seu estado de espírito. Visitas esporádicas do T ao 1º subsolo são aceitas, embora não sejam bem-vistas. Toleram-se bebedeiras ocasionais em comemorações, e tais pessoas são socorridas por amigos e familiares e carregadas rampa acima (1.T), retornando, portanto, ao térreo. No dia seguinte tudo volta aos eixos.

Algumas pessoas, porém, nem percebem que estão descendo essa rampa, porque vão bebendo aos poucos, enquanto outras, muito afoitas, descem a rampa num embalo desenfreado e acabam freqüentando a festa do subsolo. A maioria das que estão nesse andar do álcool recusa o rótulo de alcoolista. Se exageram, podem entrar em coma por overdose de álcool (1.M.5) e morrer quando não socorridas. Isto é, caíram no *fundo do poço*, que é o porão da morte (M).

Alcoólatra é entendido como doente.

Alcoolista é quem usa álcool sem ser alcoólatra.

Alcoolizado é estar alterado pelo álcool.

Os motivos para descer ao 1º subsolo são inúmeros. Eis os mais comuns:

Hábito: A pessoa está tão acostumada a bebericar que toda vez que começa a beber acaba no subsolo. O hábito suaviza o peso da palavra *vício* ou *alcoólatra*. Seria melhor, então, chamar de "viciozinho". O álcool regula a ansiedade, tem efeito sedativo, provoca prazer e torpor. Os filhos de alcoólatras já nascem tensos e nervosos e se tranqüilizam com a ingestão de álcool. São tantas as sensações, que tudo serve de argumento para beber: antes da refeição é para abrir o apetite; após a refeição é para melhorar a digestão; se está triste, é para animar; se está alegre, é para festejar...

Diminuir a timidez: A primeira parte sedada pelo álcool é o superego, a censura interna. Livre desse fiscal, a pessoa faz o que tem vontade de fazer, principalmente o que estava controlado ou reprimido. Assim, em pequena quantidade, o álcool pode aumentar a sociabilidade de um ou a agressividade de outro. Mas, se passar um gole a mais, a pessoa pode se tornar inconveniente.

Buscar relaxamento: O álcool tem poder sedativo. O problema é que a pessoa não percebe quando passa do relaxamento para a embriaguez alcoólica, pois a crítica (capacidade de avaliação) já está sedada.

Sentir o prazer de beber: As bebidas foram industrializadas após apurados estudos para agradar ao paladar. Daí a variedade, tipos, qualidades, teor alcoólico das bebidas para ninguém "botar defeito".

Acalmar-se: O caminho emocional para o alcoolismo vem do alto nível de agitação, impulsividade e tédio. O álcool funciona como prazeroso calmante.

Adeus, superego!

No andar do álcool, além da rampa de chegada, há muitas saídas. Pela rampa (1.T), o alcoolizado pode ser guiado de volta ao andar térreo. Por esse mesmo caminho, o alcoolista crônico pode ser trazido de volta por grupos de autoajuda (como os Alcoólicos Anônimos) ou ainda após um tratamento médico e/ou psicoterápico. Mas há, ainda, uma porta que leva a uma queda (1.M) em um vão livre que acaba no fundo do poço, no Porão da Morte (M). Um cartaz pendurado nessa porta avisa que a bebida passa a ser perigosa em doses altas e a ser ilegal para motoristas. Atravessa essa porta quem dirige embriagado e pode cair no fundo do poço sozinho ou levando consigo outras pessoas inocentes que vieram do térreo.

Mais de metade dos acidentes de trânsito (1.M.1) é provocada pelo álcool. O Código Brasileiro de Trânsito permite que se bebam até duas latas de cerveja, até duas taças de vinho ou uma dose de uísque, apesar de o risco de acidente aumentar com apenas 0,1 g de álcool por litro de sangue. Três latinhas de cerveja duplicam a probabilidade de acidente. Com cinco latinhas, o risco é seis vezes maior, e com sete o perigo aumenta 25 vezes. Segundo Daniel Goleman, em seu *Inteligência emocional*[8], acidentes relacionados com o álcool são a principal causa de morte entre jovens de 15 a 24 anos.

---

[8] GOLEMAN, Daniel. *Inteligência emocional*. Rio de Janeiro: Objetiva, 1995.

No movimentado subsolo do álcool, há uma porta proibida: quem se atreve a ultrapassá-la, dirigindo alcoolizado, corre o risco de acabar no fundo do poço.

Essa saída perigosa está perto dos *corredores da violência* (1.M.3): o álcool estimula a não levar desaforo para casa, a resolver as diferenças no tapa ou utilizando armas brancas, vermelhas... até mesmo garrafas servem. O que caracteriza a sociabilidade do ser humano é sua capacidade de se relacionar e sua adequação social. O álcool reduz essas nobres particularidades, e a pessoa passa a se comportar como um animal irracional. Cerca de 87% dos casos de agressão registrados nas delegacias da mulher são causados pelo álcool. Ainda segundo Goleman, 90% de todos os estupros comunicados em universidades aconteceram quando o atacante ou a vítima – ou os dois – tinham bebido.

O suicídio (1.M.2) é 58 vezes mais freqüente nesse subsolo do que no andar térreo. As pessoas que moram nesse subsolo estão sujeitas aos problemas e doenças provocados pela bebida:

Problemas físicos: gastrite, pancreatite, cirrose hepática, insuficiência cardíaca, pressão alta, encolhimento cerebral por destruição dos neurônios, que leva à deterioração intelectual, perda da memória e demência, entre outros.

Problemas psicológicos: nervosismo, irritabilidade, insônia, falta de concentração, mentiras, delírios de ciúmes, depressão etc.

Problemas sociais: perda da produtividade, faltas no trabalho, brigas com familiares e amigos, gastos excessivos, perda de responsabilidade etc.

A cada domingo, de doze a quinze milhões de bêbados cambaleiam pelas ruas brasileiras. Parte dos habitantes vai assim doente para um anexo hospitalar, para um tratamento trabalhoso e de difícil recuperação. Depois de tudo isso, estão sujeitos a uma recaída ao primeiro trago.

O subsolo do álcool tem ainda outra saída para baixo: uma rampa larga e não íngreme, que facilita o acesso aos andares inferiores. Sob o efeito da bebida, a pessoa perde a censura e dispõe-se a fazer coisas que jamais faria sóbria. Atravessando essa passagem da falta de superego e tomando a rampa, ela pode ir para o cigarro (1.2), a maconha (1.3), a cocaína (1.4) e o *crack* (1.5).

Fumo, entre nuvens de fumaça

Amplo e movimentado, o 2º subsolo (2) é mais conhecido por *andar do cigarro*. Reúne pessoas que *ficam*, *estão de rolo*, *namoram* ou já se *casaram* com o fumo. Todas sabem tratar-se de companhia prejudicial, embora algumas a considerem agradável.

Também transita pelo andar muita gente do térreo, que a cada festa dá um jeito de pegar a rampa (T.2) e escapar para o subsolo da fumaça.

Por que as pessoas descem para esse 2º subsolo? São muitas as justificativas:

Hábito: Quando põe seu primeiro cigarro na boca, a pessoa já internaliza a imagem da aventura e prazer. Assim que traga a fumaça, mais de 4.720 substâncias químicas vão dos pulmões para o cérebro, entre elas a nicotina, que aumenta a vivacidade, diminui as reações de estresse, melhora a concentração, causa euforia e prazer. Mas como a substância provoca tolerância rapidamente, o fumante não consegue usufruir esse prazer a cada cigarro. Fuma, então, para manter o nível residual de nicotina no sangue, o suficiente para não sentir os efeitos de sua retirada: já se tornou um viciado.

Brincadeiras e curiosidade: "Só para ver como é fumar", dizem muitos que brincam com o cigarro.

Manter as mãos ocupadas: jovens, não sabendo onde colocar as mãos e o que fazer com elas em festas ou na presença da turma, podem sentir-se mais à vontade segurando algo.

Querer aparecer, impressionar os outros: jovens detestam passar despercebidos. Acham que fumar lhes dá *status*, parecem mais velhos, vividos.

Não importa qual seja o motivo que leve uma pessoa a pôr um cigarro na boca, o que interessa é o efeito produzido no cérebro: a rápida dependência.

As pessoas podem ir a esse 2º subsolo saindo diretamente do andar térreo (T.2) ou descendo embaladas a partir do 1º subsolo (1.2). Elas, porém, podem voltar ao térreo (2.T), mas é preciso bastante força de vontade e persistência. Algumas precisam da ajuda de médicos, grupos de auto-ajuda e psicoterapeutas.

Pobre da saúde!

Uma violenta crise de falta de ar, um aperto no coração, uma sensação terrível de mal-estar com iminência de morte, uma gravidez, a conscientização dos prejuízos do cigarro ou uma proibição médica podem afastar uma pessoa do cigarro.

No subsolo dominado pela fumaça, tudo acontece devagar. Vez ou outra, toma-se um susto. Um incidente inesperado que pode acontecer: incêndios e explosões provocados pelas brasas dos cigarros jogados em qualquer lugar imprudente e impunemente...

Mesmo comprometidas, muitas pessoas acham que só estão *de rolo* com o cigarro. Fumam de vez em quando, algumas vezes por dia. A prova do compromisso é a irresistível vontade de fumar na presença de outros tabagistas. Ocorrem, então, as recaídas quando já estavam conseguindo libertar-se do vício.

Alguns, porém, vão viver ali por muitos anos. Aos poucos, uma tosse insistente começa a persegui-los, depois perdem o fôlego com facilidade. Se tiverem sorte, podem pegar o caminho para o anexo hospitalar, receber um tratamento e voltar para o térreo (2.T). Mas podem também ficar entre estes subsolos: sobem (2.1) do 2º para o 1º subsolo para molhar a boca com bebida e depois descem (1.2) para secá-la com cigarro.

Os que permanecerem nesse 2º subsolo tendem a desenvolver diversos quadros, alguns passíveis de cura após a remoção do cigarro, outros praticamente irreversíveis. Enfisema pulmonar (2.M.2), bronquites crônicas, trombose, aumento do colesterol, pressão alta, derrames e câncer (2.M.1) em várias partes do corpo, especialmente no pulmão, são algumas das inúmeras doenças decorrentes do tabagismo que podem minar sua saúde. Sem portas traiçoeiras nem quedas súbitas, o subsolo do cigarro conduz a uma descida lenta, mas de retorno difícil.

Os olhos turvados pela fumaça de anos
deixam de notar a janela aberta à frente.
E um dia acontece: passam por ela e caem
no fundo do poço.

Segundo Luís Louhani, especialista canadense em câncer de pulmão, de cada cem pacientes no mundo que descobrem estar com câncer de pulmão, 95 são fumantes. Desses, 80% acabam morrendo (2.M.1) porque os médicos nada mais podem fazer. Dificilmente encontramos alguém que não tenha acompanhado uma pessoa querida morrer de câncer. A vida vai se esvaindo sem ter nada que a conserve. O doente perde o apetite, emagrece e sofre de dores que desesperam toda a família. E pensar que ele próprio provocou todo esse sofrimento por fumar.

Para os jovens, a imensa rampa (2.3) que leva ao 3º subsolo, o andar da maconha (3), tem inclinação suave com acesso fácil e direto: "Fumaça por fumaça, que diferença faz?".

Do subsolo do cigarro, o usuário pode experimentar a maconha, não gostar, e substituí-la pela cocaína, tomando o caminho (2.4).

Maconha, subsolo grande e lotado de jovens

Fumaça em abundância é a maior semelhança com o piso superior. Entretanto, a decoração e a expressão das pessoas que o freqüentam diferem muito. Enquanto alguns riem à toa, outros parecem não se importar com nada.

Ali é comum encontrar gente do térreo que saiu de fininho, sem avisar seu destino, desceu as rampas (T.3), deu uma paradinha ali e voltou cheia de disfarces. De volta ao térreo (3.T), não conta onde esteve e ainda esconde os indícios desse "passeio".

Os diferentes e desconhecidos ficam rapidamente entrosados e identificados como solidários canabistas, numa união que defende a maconha e jura que ela faz menos mal que outras drogas. Segundo estimativas da ONU, em janeiro de 1997 havia no mundo 140 milhões de usuários de maconha, o equivalente a 2,5% da população da Terra, e tem aumentado continuamente.

Em torno de 80% dos habitantes desse subsolo vieram do cigarro (2.3), e 20% partiram diretamente do térreo (T.3), sem passar pelo 1º nem pelo 2º subsolo. Muitos são os motivos pelos quais as pessoas, principalmente os jovens, descem ao 3º subsolo:

Hábito: Quem já canabisou pode repetir o gesto a qualquer momento. Ao fumar maconha, a pessoa aspira mais de sessenta substâncias chamadas canabinóides e mais de quatrocentas outras substâncias químicas. A mais ativa é o THC (tetraidrocanabinol).

Curiosidade e aventura: A maioria dos jovens dá-se o direito de fazer o que tiver vontade de fazer, resultado de uma educação tolerante e permissiva. Não mede as conseqüências porque não tem o hábito de arcar com a responsabilidade de seus atos.

Desinformação: "Maconha não vicia" e "Maconha faz menos mal que cigarro e álcool" são informações sem fundamentação científica.

Transgredir o proibido: Os canabistas a que atendi nestes últimos dez anos não fumaram maconha por essa razão. Limites e proibições não constam na vida desses jovens. Eles fazem o que querem, não pela proibição, mas por autoafirmação perante os amigos e escondido dos pais.

Fugir da realidade: No passado, essa hipótese poderia ser cogitada. Atualmente, os jovens querem mais é "curtir o barato". Sabem eles que, se canabisarem quando tristes, terão mais sofrimentos que prazer. É a *bad trip*.

Estar com problemas: Os canabistas afirmam que buscam o prazer e não a fuga dos seus problemas.

Querer se destruir: Isto é o que os seus pais dizem, mas os jovens afirmam que não estão se destruindo, só curtindo.

Pressão de outros canabistas: Pressão direta não existe. Apenas indireta: chamam quem não fuma de careta e excluem-no dos seus programas.

Estímulo dos próprios pais, que canabisaram na juventude: Alguns permitem e outros chegam a fumar junto com os filhos! Mas há diferenças gritantes entre as gerações. A maconha do passado era mais fraca, seu uso tinha um significado social, e os pais receberam educação repressiva. Hoje os jovens recebem educação tolerante e permissiva, fuma maconha com níveis mais altos de THC e seu uso tem caráter puramente hedonista.

Se num passado recente a droga era utilizada como forma de protesto, para transgredir, hoje os jovens fumam pela simples vontade de fumar. A maconha perdeu o significado de revolta ou contestação.

Há um espaço destinado aos chamados "acabadaços" do fumo. Ali ficam os apáticos, os desmotivados e largados, porque abandonaram escola, amigos, namoro, trabalho, esportes... Vivem para canabisar e canabisam para viver.

Da entrada, onde estão os eufóricos, até a área dos "acabadaços" não há divisórias nem placas de aviso. A passagem é lenta e gradual. O usuário vai se acostumando sem perceber que está se acabando.

Mesmo quando canabisam para relaxar, os usuários não escapam da grande preocupação ("nóia") de serem pegos pela polícia e pelos pais e parentes, provocar acidentes de automóvel (3.M.1), entrar em "roubadas". Em vários países, uma das primeiras causas de acidentes de automóvel é dada pela maconha.

Alguns têm sorte: são surpreendidos pelos pais e lhes prometem que vão parar. Uns realmente cumprem a promessa e voltam ao térreo. Outros, porém, fingem ter parado: mentem, jurando que não canabisam mais, e dão suas voltinhas no andar da "marofa". As dificuldades para cumprir a promessa dependem do grau de envolvimento com a droga e de características pessoais.

Destino incerto

A permanência no subsolo da maconha também provoca doenças crônicas. O médico Ronaldo Laranjeira, no livro *Drogas*[9], relaciona quais são os principais males:

- Fadiga crônica e letargia, náusea crônica, dor de cabeça, irritabilidade.

- Tosse seca, dor crônica de garganta, congestão nasal, piora da asma, infecções freqüentes dos pulmões, bronquite crônica.

- Diminuição da coordenação motora, alteração da memória e da concentração, modificação da capacidade visual e do pensamento abstrato.

- Infertilidade, problemas menstruais, impotência, diminuição da libido.

[9] LARANJEIRA, Ronaldo. *Drogas - maconha, cocaína e crack*. São Paulo: Contexto, 1998.

- Depressão e ansiedade, mudanças rápidas do humor, irritabilidade, ataques de pânico, modificações de personalidade, tentativas de suicídio (3.M.2).
- Isolamento, afastamento do lazer e de outras atividades sociais.

O que começou como uma visita alegre, de aventura e sem compromisso, dá lugar, com o tempo, à apatia e à falta de motivação. Quanto mais a pessoa se compromete com a maconha, mais abandona outros afazeres. Muitos problemas já surgiram no relacionamento com os pais e amigos porque as conseqüências já atingiram e prejudicaram atividades como estudar, praticar esportes e trabalhar.

O vasto subsolo da maconha reserva surpresas. Salas cinzentas aguardam quem se puser a explorá-lo.

Segundo José Elias Murad, em seu livro *O que você deve saber sobre os psicotrópicos*[10], foram isoladas na maconha substâncias cancerígenas (3.M.3), como esteróides e tripterpenos.

Daqui partem os canabistas para praticamente todos os outros subsolos. Quem canabisa geralmente toma cerveja (3.1) e fuma cigarros (3.2), e pode partir para drogas mais pesadas, como a cocaína (3.4), ou fumar *crack* (3.5), por ser mais barato.

[10] MURAD, José Elias. *O que você deve saber sobre os psicotrópicos: a viagem sem bilhete de volta.* 2 ed. Rio de Janeiro: Guanabara Dois, 1982

Cocaína, o reino da desconfiança

O clima dominante no 4º subsolo é a desconfiança. Ninguém acredita em ninguém no andar da cocaína (4). Cada um tem de se virar para pagar suas despesas e garantir sua droga. As pessoas chegam a roubar pertences das outras para conseguir a droga. Transformam em pó não apenas dinheiro mas também roupas, relógios e utensílios domésticos.

Ali, a crueldade anda à solta. Mata-se (4.M.1) por qualquer motivo: por dívidas, para "apagar arquivo", por brigas de território, por vingança, para liquidar o alcagüete.

Existem várias formas de se chegar a esse andar. Uma escada rolante (T.4) parte do térreo e passa por ali. Seu motor a impulsiona cada vez mais para baixo. Descem por ela pessoas que começam a usar cocaína num embalo só e de forma compulsiva. Vão piorando, usando drogas cada vez mais fortes, até que acabam morrendo.

Atraídas pelo brilho intenso, as pessoas não percebem as armadilhas que existem no subsolo da cocaína: desconfiança, depressão, agitação, insônia, aids, emagrecimento, hepatite etc.

Por que os jovens descem ao 4º subsolo?

Hábito: A cocaína causa grande prazer. O que mais importa ao usuário é voltar a sentir aquele bem-estar, as outras obrigações ficam em segundo plano. Cada vez que a pessoa é atacada pela vontade incontrolável de usar o pó, desce de elevador (T.4) ao subsolo.

Curiosidade e aventura: "Se eu cheirar um pouquinho só, não vai fazer mal". Esse "fazer mal" significa "ficar viciado". Aparece o receio de experimentá-la, pois sabe-se que a "cocaína é droga pesada", fortemente viciante. Quanto mais uma pessoa se aproxima desse 4º subsolo, menos ela consegue resistir: sua autopreservação foi sendo minada a cada andar que descia.

Depressão: Uma vez tendo sentido o prazer provocado pela cocaína, sobrevém uma violenta depressão associada a uma agitação psicomotora que prejudica o usuário em tudo, impedindo-o, até mesmo, de dormir ("fritam na cama"). É quando este toma (4.1) bebidas destiladas, principalmente vodca, uísque ou mesmo cachaça, em grande quantidade para se desligar. Alguns cocainômanos fumam maconha (4.3) com a mesma finalidade.

Alguns pegam a rampa (1.4) que começa no subsolo do álcool e só param no da cocaína. Os outros subsolos intermediários não lhes despertam interesse. No andar da cocaína, no lugar da apatia, há luz e brilho. A entrada ofuscante e atraente não deixa ver a depressão e a solidão escondidas lá dentro. O cigarro (4.2) também está muito presente nesse subsolo.

Quanto mais envolvido estiver com a cocaína, mais o adolescente se dispõe a "trabalhar" pelo tráfico. Quem chega a esse estágio dificilmente consegue voltar para o térreo, a menos que seja para roubar, quando corre o risco de ser preso ou morto.

Uma porta dá para o fundo do poço, porão da morte (M). Numa overdose (4.M.2), o usuário pode cair, arrebentar-se lá embaixo e morrer. Mas também pode ser salvo por outros e conduzido ao anexo hospitalar. Aí terá uma chance de voltar ao térreo pelo elevador hospitalar (4.T).

Amargo regresso

Mesmo que seja socorrido, quem já morou no andar da cocaína dificilmente se liberta do vício. Adormecido dentro da pessoa, este pode reacender mediante qualquer estímulo que funcione como despertador da vontade. Então, brota a *fissura* (muita vontade de usar) pela cocaína e não se pensa em outra coisa a não ser saciar a vontade. O código de valores fica tão lesado que o fissurado usa qualquer recurso (4.M.3) para obter a droga: mentir, roubar, prostituir-se, brigar. O instinto de autopreservação fica alterado. Quem freqüenta esse 4º subsolo está sujeito aos seguintes problemas, segundo Ronaldo Laranjeira:

- Irritabilidade, agressividade, inquietação, irresponsabilidade, mentiras, diminuição dos cuidados consigo próprio, perda de valores morais e sociais, diminuição do apetite sexual.
- Insônia, infecções como hepatite e aids (4.M.4), coriza, perfuração do septo nasal, sinusite, diminuição do apetite, perda de peso, diminuição da irrigação sangüínea nos órgãos.
- Dor de cabeça, tontura, visão embaçada, tinido no ouvido, atenção diminuída, falta de concentração, convulsão, derrame cerebral (4.M.5).
- Tosse, infecções pulmonares.
- Depressão, ansiedade, psicose, estados confusionais.

- Diminuição de vitamina B6, desnutrição.
- Infarto (4.M.5), cardiopatias, batimento cardíaco irregular.

Após tratamento psicológico adequado, a melhor proteção para o ex-viciado é um *novo casamento*. Seja com uma pessoa que ama e por quem é amado, seja dedicando-se à religião ou até mesmo a uma missão. Mas, se ele se desencantar com o novo "cônjuge", pode facilmente ter uma recaída. A culpa, muitas vezes, cabe à bebida que dilui o seu controlador da vontade. Um ex-cocainômano pode sair de casa decidido a não usar a droga. Mas se encontrar outros usuários, não deve beber. A simples reaproximação dos "amigos" pode despertar-lhe a vontade. Mas é possível controlá-la, com muito esforço, enquanto estiver sóbrio. O álcool dilui o controle e, num impulso, a pessoa acompanha os outros, retornando ao vício.

Crack, sob o domínio do medo

Muito estreito e nebuloso é o 5º subsolo, o *andar do crack* (5). Chega-se ali pela rampa (4.5) vinda do andar superior: na falta da cocaína ou na falta de meios para consegui-la, o jeito é se contentar com o *crack*. Do subsolo da maconha, a descida (3.5) também é rápida, sendo inclusive muito facilitada pelo álcool (1.5). O 5º subsolo é um lugar de perda da consciência: os craqueiros "saem do ar". A droga é tão violenta que pode levar ao aparecimento de doenças neurológicas, mas dificilmente os usuários têm a chance de tomar sozinhos o anexo hospitalar. A grande maioria morre (5.M) antes e depois das saídas furtivas (5.M.1) até os andares superiores para roubar, assaltar, extorquir, prostituir-se... Tudo "vira pedras" para serem "pipadas". Isso quando não morrem (5.M.2) de overdose. Como o princípio ativo básico do crack é a pasta da qual se refina a cocaína, as mortes por cocaína também ocorrem, assim como chacinas e guerras de território (5.M.3). Muitos morrem antes de ser acometidos por doenças crônicas (5.M.4). Nesse subsolo há muitos suicídios (5.M.5), risco de hemorragia cerebral, fissura, alucinações, delírios, convulsão, infarto agudo e morte (5.M.6).

O subsolo do crack é escuro, sujo, fétido, com pessoas caídas e largadas aqui e acolá. Muitos morrem sem socorro, outros são assassinados por causa do crack. Ninguém confia em ninguém. Todos são vítimas.

Morrem muito mais craqueiros que cocainômanos. Mesmo que se escape dos homicídios, suicídios e overdoses, a sobrevida aqui é muito curta. Ainda assim, sua população cresceu assustadoramente.

Por todo o subsolo

Por todo o subsolo, independentemente dos andares, passam os inalantes (benzina, lança-perfume, loló etc.), as medicações usadas como drogas (anoréxicos, psicoestimulantes, esteróides etc.), as novas drogas, assim como passam também o cigarro e o álcool.

O uso e abuso dessas substâncias é tão freqüente, e sua aquisição tão fácil, que elas são usadas quando não se encontra o que se quer ou até mesmo associadas a outras drogas.

A última chance

Quanto mais rampas uma pessoa desce, mais difícil se torna o caminho de volta. A cada andar, aumentam os riscos de ela se meter em complicações e cair ainda mais. O retorno para o andar térreo é tão lento quanto a descida pelas rampas. O corpo pode subir de elevador, mas os costumes, os relacionamentos e a psique levam um tempo muito maior. Aqui também vale um velho ditado popular: "É fácil destruir, o difícil é reconstruir".

Cuidados médicos e psicológicos e grupos de auto-ajuda como os Alcoólicos Anônimos, Amor Exigente (Febrae) e os Toxicômanos Anônimos exercem esse papel de elevador. Mas a pessoa que utiliza drogas precisa querer a ajuda, do contrário, foge do elevador e toma o primeiro atalho rumo abaixo.

Entretanto, quando o usuário está fora de si, não responde mais pelos seus próprios atos. O que estiver psicótico ou correndo risco de vida também pode (e deve) ser internado, para a sua própria proteção e recuperação, já que não se pode contar com sua colaboração.

Os pais são os últimos a saber

A família, em geral, está no térreo, lugar onde as crianças também viveram. Quando começa a adolescência, existe um distanciamento físico entre pais e filhos. Os jovens querem estar mais com os amigos do que com a família, o que é natural, pois se na infância se adquire a identidade familiar e na puberdade, com um banho de hormônios, se adquire a identidade sexual, na adolescência, que vale como um segundo parto, procura-se a identidade social e pessoal.

Um adolescente ajustado e equilibrado é o que transita livremente entre a turma de amigos e a família. Quando ele é só família ou só amigos, algo não vai bem. É melhor ainda quando família e turma têm um bom relacionamento. Portanto, não devemos confundir o natural afastamento do filho adolescente com o afastamento provocado pelo uso de drogas.

Um amigo, o professor Pierre Weil, afirma no livro *O corpo fala*[11] que uma pessoa nunca deixa de comunicar o que se passa consigo. Se não for pelas palavras, ela fala pelo comportamento, pelos gestos, expressa pelo corpo. Logo, se um filho não diz por onde anda e o que faz, suas atitudes, seus gestos e seu corpo podem estar gritando para que seus pais consigam ouvi-lo.

Por tudo isso, para os pais e para os próprios filhos, mais importante que levar o adolescente a festas é ir buscá-lo; assim como mais importante que vê-lo sair de casa todo perfumadinho, bonitinho e arrumadinho é observar

---

[11] WEIL, P.; TOPAKOW, R. *O corpo fala*. Rio de Janeiro: Vozes, 1977.

em que condições ele retorna. Com certeza, sabe-se muito mais sobre a festa na volta do que na ida.

Anjos caídos e a relação com seus pais

A maioria dos jovens usuários de drogas não acredita ter caído nesses subsolos da vida. Os pais começam a sofrer com a "fraqueza de caráter" do filho. Inicia-se o conflito. O relacionamento entre filhos e pais começa a piorar – o que gera grande sofrimento para todos.

Para a maioria dos pais, o filho é correto, um anjo. Protegem-no de tudo e contra todos, às vezes, demonstram a extrema fé de que seu filho nunca mente. Quando descobrem que o filho experimentou alguma droga, *o anjo cai*, começam a temer pelo futuro do jovem, e o desespero toma conta de todos. Sim, os filhos eram *anjos* e *caíram*, levando consigo toda a família ao sofrimento..

Entretanto, antes da descoberta, os anjos, baseados na confiança cega de seus pais, transgrediam em qualquer lugar (escola, condomínio, clube etc.). Essa confiança absoluta pode significar *conivência* com o uso de drogas pelo filho. E é muito difícil que ele próprio admita que esteja usando drogas nas primeiras vezes que os pais o questionam. Ele vai negar quase sempre. E essa negação tem, de modo geral, o reforço dos pais, que crêem que o filho "não mentiria para eles".

Mesmo quando é totalmente descoberto, o filho só admite usar drogas até aquele ponto que os pais descobriram – sem revelar todas as experiências que teve. Portanto, o que os pais sabem em geral é muito menos do que a realidade.

Tais filhos podem argumentar que seus pais estão paranóicos, loucos, vendo coisas que não existem. Mesmo que os pais encontrem a droga ou os apetrechos para seu uso, o filho costuma dizer que não lhe pertencem, que ignora sua origem, que são do amigo etc.

Diante de qualquer suspeita levantada contra ele, exige que os pais "provem" suas desconfianças. E como sabemos, no relacionamento entre pais e filhos, quando um deles tem de provar o que diz, a confiança já está abalada.

O filho costuma admitir o uso de drogas apenas quando não há mais como negar: quando foi pego pela polícia ("rodou"), aí chamará os pais; quando surpreendido ainda sob o efeito da droga etc.

Quanto maior era a confiança existente, maiores são as decepções e frustrações dos pais quando percebem terem sido enganados e traídos. Quebra-se a confiança. O grande problema é que os pais não acreditam em mais *nada* do que o filho disser (porque até então acreditaram em *tudo* e perceberam que foram enganados). Antes o filho era inocente até que se provasse o contrário, agora é culpado até provar sua inocência.

Dessa perda de confiança surge um clima de sofrimento de ambas as partes: dos pais, que vivem constantemente preocupados com a possibilidade de o filho estar usando drogas; e do filho, que se vê vigiado, sem liberdade, totalmente sob o controle dos pais e sendo alvo de constantes perguntas e desconfianças.

Tudo o que o filho faz, sem que os pais saibam exatamente o motivo, pode ser associado ao uso de drogas. Mesmo um comportamento que sempre existiu passa a ser olhado de outra maneira: se tem dificuldade para acordar cedo, os pais se perguntam: "Por que será?". E quando não encontram respostas que os satisfaçam, logo pensam que há drogas na vida do filho. Nessa síndrome, os pais talvez nem se lembrem de que o filho sempre teve este ou aquele comportamento.

Quando o filho volta de algum lugar, os pais o beijam e aproveitam para cheirá-lo e perguntar: "Aonde foi? Com quem? Quem estava lá? O que fez? Comeu ou bebeu alguma coisa?". As perguntas variam conforme o local, o tempo de duração e o estilo do evento, mas todas elas têm uma função: descobrir se há indícios de uso de droga.

Quando percebe as intenções das perguntas, o filho se revolta, torna-se freqüentemente agressivo e, zangado, reclama que os pais desconfiam de suas respostas.

Confiança não se impõe, conquista-se. Para reconquistar a confiança dos pais, é necessário um tempo que o filho não tem paciência de esperar. Assim se forma o círculo vicioso que resulta em alterações comportamentais de todos, o que aumenta o conflito, e a síndrome dos anjos caídos amplia sua ação na família.

Os pais e os educadores devem estar cientes de que é praticamente impossível controlar a vida de qualquer pessoa, principalmente a de um adolescente. Torna-se tanto mais fácil enganar os pais quanto menos informações estes tiverem sobre os efeitos das drogas, as alterações físicas e comportamentais que provocam a curto e longo prazo, os principais argumentos alegados pelos usuários e assim por diante.

3 Maconha: corroendo as relações éticas

O caso de Rodrigo

Antes de causar danos físicos e psicológicos, as drogas já prejudicam a relação entre pais e filhos e entre alunos e professores. A ética é uma das primeiras áreas lesadas.

Por mais que tentasse, Rodrigo[12] não conseguia parar de fumar maconha. Aos 16 anos, no segundo ano do Ensino Médio, procurou-me por iniciativa própria. Havia parado o acompanhamento psicológico que estava fazendo forçado pela família.

A mãe o surpreendera com droga pela primeira vez dez meses antes de ele me procurar, quando já fumava oito baseados por dia. Atendendo aos insistentes pedidos dela, Rodrigo parou por dois meses. Depois, recomeçou escondido, e em pouco tempo já estava canabisando como se nem tivesse parado. A mãe o flagrou novamente. Ao "dançar" pela segunda vez, foi encaminhado para tratamento psicológico, embora ele próprio julgasse desnecessário. Não achava que estava viciado, fumava porque queria e

---

[12] Por ética médica, os nomes de todos os pacientes desta obra foram trocados.

pararia quando quisesse. O psicólogo sugeriu a leitura de um livro meu, *Saiba mais sobre maconha e jovens*[13].

Depois de ler o livro, Rodrigo começou a perceber o *quanto* estava envolvido com a maconha. Talvez até estivesse viciado, porque não conseguiu parar como se propôs a fazer. Mas tinha uma desculpa: não sentia realmente vontade de abandonar a droga; somente o fez para atender sua mãe.

Um vício galopante

Passados dois meses, Rodrigo achou que poderia fumar um, pois já demonstrara que conseguia ficar sem canabisar. Deu "dois tapas" num baseado, numa roda de amigos usuários. "Unzinho só", segundo ele próprio. Foi, porém, o suficiente para reiniciar o uso. Em pouco tempo, estava fumando muito. Pôde confirmar nele próprio o que eu sempre digo: "O vício adormece dentro da pessoa e a qualquer momento pode despertar. Uma vez despertado, ele retorna como se nem tivesse adormecido".

Qualquer adolescente detesta sentir-se comandado por alguém ou por alguma coisa. Rodrigo decepcionou-se bastante consigo ao perceber que seria praticamente impossível parar sozinho. Resolveu, então, pedir ajuda terapêutica. Foi quando me procurou: estava fumando dezesseis baseados por dia.

O jovem praticamente caiu do *térreo* para o 3º subsolo, que é o da maconha. Havia feito um pequeno estágio no 1º subsolo (álcool), de onde passou rapidamente para o 2º

---

[13] TIBA, Içami. *Saiba mais sobre maconha e jovens*. São Paulo: Ágora, 1998.

(cigarro), em que permanece até hoje. O tabaco servia para disfarçar o cheiro da maconha. Para fumar oito baseados por dia Rodrigo levou poucos meses. Para chegar a um baseado por dia, leva-se, em média, um ou dois anos. Chega-se ao vício aos poucos, de tragada em tragada, ou galopando, de baseado em baseado, como Rodrigo.

Distorção da personalidade

Rodrigo era filho único e morava com a mãe, executiva de sucesso numa empresa multinacional. O pai mudara-se para outro país. Um tio (irmão do pai) também havia usado drogas e, naquela ocasião, estava internado por problemas provocados pelo alcoolismo.

A mãe, que saía de casa cedo e voltava tarde da noite, não tinha motivos para desconfiar do filho, afinal era um bom rapaz e nunca havia mentido. Para ela, Rodrigo era um anjo.

Desde que começou a usar maconha, Rodrigo passou a omitir fatos e a contar mentiras. A ética[14] foi a primeira a ser quebrada, antes mesmo das mudanças de comportamento. Nunca foi de estudar muito, mas tinha boas notas por ser inteligente. Com a maconha, a dificuldade de concentração aumentou e o rendimento escolar caiu. Depois de estudar até o final da oitava série em um único colégio, Rodrigo teve de mudar de escola quatro vezes nos dois anos seguintes.

[14] Segundo a Teoria Integração Relacional, a ética no relacionamento pode ser definida como: o que é bom para um, não pode ser ruim para o outro; a "folga" de um não pode sufocar o outro. Nisso entra a mentira, a falta de resposta (ou alteração desta) quando perguntado etc. Rodrigo estava escondendo da sua mãe o que ele fez, fazendo-a pensar que ele não estivesse fazendo nada.

A mãe era tesoureira, trabalhava com o dinheiro da empresa. Um dia, ela foi chamada pela diretoria, que estava preocupada com seu filho. Ele fora visto fumando maconha no clube pelos filhos dos seus diretores. A grande preocupação da empresa era que o filho dela, drogado ou influenciado pelos amigos, pudesse roubar as chaves da mãe e ter acesso aos cofres da empresa.

Preocupação exagerada da diretoria? Nem tanto, pois a droga distorce a personalidade dos usuários, desencadeando comportamentos inusitados, como mentir, roubar, prostituir-se. Quanto maior a *fissura*, menor a educação, isto é, desaparecem a disciplina, a gratidão, a ética ou a cidadania[15].

São raros os assaltos e a prostituição para sustentar o vício da maconha, pois ela custa pouco, e quem a possui oferece gratuitamente para quem não tem. Soube de canabistas que cometeram pequenos furtos, principalmente em casa.

Quanto maior a fissura, mais os valores morais e éticos se esvaem.

Em caso de dúvida, a prevenção se faz pelo perigo maior. Como a empresa não sabia se o filho da funcionária fumava somente maconha ou estava envolvido com outras drogas e traficantes, nada mais justo do que convocar aquela reunião.

---

[15] Disciplina, gratidão, religiosidade e cidadania são alguns dos valores da Teoria Integração Relacional.

A mãe quase morreu de vergonha diante da revelação de que seu filho fora descoberto pelas pessoas que lhe garantiam o sustento. Até então era merecedora da mais alta consideração e confiança da diretoria. Mas o problema de Rodrigo tornara-se público e ameaçava seu emprego.

Quem se prejudica?

Muitos canabistas argumentam que não prejudicam outras pessoas, "não fazem mal a ninguém". E o que Rodrigo fez com a mãe? Alguém pode apagar da vida dela os sofrimentos pelos quais passou em casa e no trabalho? Rodrigo prejudicou quem mais se importou (e se importa) com a sua vida — diretamente, em casa (mentindo, omitindo, negando, disfarçando o uso, tornando-se agressivo), e indiretamente, fora de casa, abalando sua carreira profissional.

Ao fumar maconha, Rodrigo não foi ético com sua mãe. Pois o amor faz querer bem ao próximo e preservá-lo de sofrimentos. Rodrigo não preservou a mãe. Só pensou em si mesmo, no prazer de fumar maconha. Sempre acreditei que a mãe deveria ser a última pessoa a quem um filho devesse mentir, pois é a primeira a perdoar-lhe. E, mesmo quando todos desistirem, lá estará ela pronta a defendê-lo e a ajudá-lo, custe o que custar.

O ser humano ético não faz
na ausência ou na presença do outro
o que não gostaria que fizessem para ele.

Na sua primeira entrevista comigo, a mãe dizia não entender a mudança no comportamento do jovem, pois Rodrigo era uma pessoa boa e inteligente, que mergulhava de cabeça em tudo o que fazia. Não gostava de estudar, mas qual adolescente gosta? Nos esportes, por exemplo, fora de iniciante a campeão em pouquíssimo tempo, porque era extremamente dedicado. Nunca havia sido agressivo até pouco antes. Era simpático e agradável, conversava bem, tinham boa convivência. Seriam as mudanças próprias da adolescência? Quando ela poderia imaginar que o filho usava maconha?

Resistindo ao tratamento

Até mesmo um profissional das áreas afins da psicologia teria dificuldade de fazer um bom diagnóstico, apesar de os sintomas serem bastante expressivos. Talvez fosse trabalhoso identificar qual era a origem desse quadro somente pela história clínica, pois seus sintomas conhecidos eram poucos. A maioria deles só Rodrigo sabia. Em outras palavras, quando um paciente quer esconder o uso da maconha (e de outras drogas, como cocaína em pequena quantidade), ele pode conseguir.

Para justificar sua resistência ao tratamento, ele argumentou: "Não vou abrir a boca para um estranho. Vocês estão jogando dinheiro fora"; "Não vou perder tempo com tanta coisa mais importante para fazer"; "Não sou louco nem viciado para ir a um psiquiatra".

O adolescente ainda tem a possibilidade de manipular o sigilo terapêutico em seu favor. Como o psicoterapeuta deve guardar segredo do que se passa na terapia, o paciente pode contar o que quiser aos pais. Pode, inclusive, mentir que o terapeuta acha um absurdo os pais não o deixarem sair ou fumar maconha.

Por tudo isso, antes de começar qualquer tratamento, é preciso que o usuário perceba os prejuízos que a droga está causando a si próprio, às pessoas que ama e à sociedade na qual vive.

Uma nova leitura

Fiz o diagnóstico desse adolescente à luz de minha Teoria Integração Relacional. Por essa teoria, o comportamento humano tem bases biológicas, psicológicas, relacionais e sociais. Vejamos item por item, no caso de Rodrigo.

Bases biológicas: Corre nas artérias desse jovem o sangue de sua família, da qual faz parte o irmão de seu pai, usuário de drogas na juventude e, adulto, internado por causa do alcoolismo. É importante frisar que a cultura insiste em tratar a droga diferentemente do álcool, como se álcool não fosse droga. Os alcoólatras são doentes que se denominam: "Sou um dependente químico".

O alcoolismo do tio e a dependência da maconha manifestada por Rodrigo podem ter sido causadas pela mesma predisposição ao vício, herdada dos genes. Essa predisposição se efetiva quando se encontra algo que dê prazer.

Bases psicológicas: O adolescente demonstra ser uma pessoa voraz e compulsiva ao entrar de cabeça em tudo o que faz.

Isso significa que, se uma atividade o gratifica, ele dedica-se a ela de corpo e alma. Vive em função daquilo e esquece todo o resto. Ao iniciar um esporte, logo vira campeão; ao começar a usar droga, rapidamente torna-se dependente químico.

Bases relacionais: Os principais valores relacionais são cinco: disciplina, gratidão, religiosidade, ética e cidadania. O prejuízo que a mãe sofria com a desconfiança dos superiores em relação ao seu trabalho atingiram a esfera ética. Entre o bom e o mau, o filho escolheu o que era gostoso para ele, sem considerar se suas atitudes comprometeriam mais alguém. Mesmo se o dano fosse apenas do adolescente, já seria ruim. Prejudicando outra pessoa, no caso a mãe, fica ainda pior. Ninguém gosta de fazer mal a quem ama. Rodrigo adoeceu na área ética quando começou a mentir e não se preocupou com as repercussões do seu gesto em relação às pessoas que amava.

Os prejuízos éticos se instalam antes mesmo de aparecerem os males psicológicos e físicos provocados pelo uso da maconha.

De acordo com essas bases, entendemos que a predisposição genética de Rodrigo para o vício em busca de prazer desencadeou o ciclo que a compulsão psicológica se encarregou de tornar fulminante. Foi por isso que em tão pouco tempo ele chegou ao uso exagerado. Iniciou-se a doença na ética relacional, a ponto de pôr em risco o emprego da própria mãe, único arrimo da família.

O caso de Rodrigo derruba vários mitos. Por exemplo, o de que todo usuário de droga não se dá bem com a família; de que se trata sempre de uma pessoa tímida, fechada e distante. Antes das relações biológicas e das psicológicas, vêm as relacionais. A pessoa perde a "transparência" relacional quando tem de mentir, omitir, esconder, disfarçar, para que os outros não percebam o que ela de fato está fazendo. Não se trata de preservar a privacidade, mas de esconder um ato condenável[16]. Rodrigo sabia que estava mentindo, a mãe, porém, nem desconfiava que estava sendo enganada. Quem mente perde a liberdade e tem de ficar esperto para não se trair, portanto deixava de ser espontâneo. A maior demonstração de liberdade em um relacionamento é a espontaneidade. Mentindo, omitindo e disfarçando o uso da maconha, Rodrigo tinha de controlar a mãe e todos os seus movimentos para não ser desmascarado. Ele conseguia mentir mantendo uma aparência de normalidade.

---

[16] Diz a Teoria Integração Relacional que a família pós-moderna vive relacionamentos com novos paradigmas. Por causa das novas constituições familiares, no lugar do chefe surgiu o líder rotativo (o que tem mais desenvoltura na área em questão é que lidera e coordena os relacionamentos). A educação de todos tem como objetivo a formação de cidadãos. Isto é, ninguém pode fazer em casa o que não poderá fazer na sociedade. Todos têm de praticar em casa o que terão de fazer na sociedade.
 A família não se divide somente em provedores e dependentes, mas acrescenta um novo conceito: não de superioridade ou inferioridade, mas de mais ou menos desenvolvido que o outro. Em casa, por meio da cidadania familiar é que se prepara o futuro cidadão. Todos têm de ajudar, associar e admirar uns aos outros. Essa admiração é no sentido do reconhecimento do maior desenvolvimento do outro.
 Se o jovem for só temerário e o adulto preservador, da integração relacional dos dois podem surgir o adulto preservador com ousadia e o adolescente temerário com prudência.

Quebra-se a ética

A mentira é um dos maiores prejuízos relacionais provocados pelo uso da maconha. O primeiro dos cinco pilares foi quebrado: a ética[17].

Os sinais clássicos de uso de droga, como baixo rendimento escolar, agressividade, depressão e alterações de humor, levam mais tempo para se manifestar. O fato de ser inteligente não garantiu a integridade ética de Rodrigo, porque a inteligência, por si mesma, é um simples instrumento utilizado para realizar, bem ou mal, os desejos da pessoa. Ela foi usada por Rodrigo para montar estratégias a fim de enganar a mãe.

A disciplina se desorganiza

Disciplina como qualidade de vida é a capacidade de se organizar para resolver situações ou problemas diários, sem ser metódico. Ela elimina a necessidade de cobrança externa, já que o ser humano assume suas responsabilidades. Como a maconha tira a motivação e reduz a concentração, a disciplina sucumbe. Dificilmente um usuário consegue mantê-la para estudar, por exemplo. Rodrigo foi bem até a oitava série do Ensino Fundamental, porém, durante o Ensino Médio teve de mudar de colégio quatro vezes em dois anos.

---

[17] Os cinco pilares da Teoria Integração Relacional são: disciplina, gratidão, religiosidade, ética e cidadania; ver nota 16.

Como o tetraidrocanabinol (THC) interfere no ritmo do sono e no ciclo da fome, é bastante comum o usuário não conseguir mais acordar de manhã para ir à escola ou para cumprir qualquer outro compromisso, assim como não consegue mais se alimentar nos horários de costume. A disciplina do ritmo biológico é quebrada e torna-se mais difícil manter a disciplina psicológica.

A mãe de Rodrigo trabalhava o dia todo fora e talvez não pudesse notar alterações nessa disciplina biológica. Mas, caso estivesse desconfiada, ficaria mais atenta e tomaria providências, como telefonar a cada duas horas para conversar com ele (um diagnóstico da situação caseira por telefone), ou procuraria saber mais sobre as atividades dele, nem que fosse perguntando para os empregados da casa.

A maior revolta dos usuários é quando os pais tentam acompanhar de perto o que eles estão fazendo. O que os usuários não percebem, e se percebem negam, é que a família perdeu a confiança neles, pois antes, quando ainda confiavam, não controlavam tanto.

A gratidão se esvai

Um dos sentimentos fortes que unem as pessoas e complementam o amor ao próximo é a gratidão. Sob o efeito da droga, o jovem não se sente mais ligado a nada nem a ninguém. Nessa hora é como se os pais não existissem. A gratidão a eles desaparece e no lugar surge um sentimento de aversão por se preocuparem com ele.

Rodrigo não chegou a sentir aversão pela mãe, mas sentia-se incomodado com ela a ponto de se tornar agressivo.

Antes Rodrigo era grato, reconhecia o esforço da mãe em dar-lhe o que fosse necessário. Quando começou a usar maconha, passou a achar que ela não fazia mais que a obrigação. Está implícita a falta de gratidão a ela: "A vida é minha, faço dela o que eu quiser"; "Não devo nada a ninguém".

Ao cortar o sentimento de gratidão, a droga se levanta contra a civilização. Quem vive civilizadamente tem de estar grato a tudo o que pode usufruir da humanidade. Tudo o que existe à nossa volta foi mantido, melhorado, inventado ou criado por alguém, algum dia, em algum lugar.

A religiosidade é menosprezada

A religiosidade é importante, pois é "gente gostar de gente" que viabilizou o ser sociável. Religiosidade é um sentimento que precede a religião em si: enquanto esta é uma criação dos homens, a religiosidade nasce com ele.

O ser humano é incompleto para a sobrevivência e precisa de proteção e provisão até atingir a auto-suficiência. Na idade adulta, por mais auto-suficiente que ele seja, precisará do sexo oposto se quiser ter filhos. Quando um ser humano se relaciona com outro, num casamento (ou em relações equivalentes), está pondo em prática sua religiosidade.

Duas pessoas formam um relacionamento que é mais forte que cada uma delas. Mesmo quando não estão juntas, uma tem a outra dentro de si, e vice-versa. Ambas respeitam o relacionamento e tudo fazem em benefício dele. O que for bom para o relacionamento reverte para os integrantes.

Mesmo sem ter consciência, o bebê usufrui a religiosidade dos pais, que por sua vez a usufruíram cada um em sua família de origem. Assim a espécie se preservou até hoje, sobrevivendo desde os mais temíveis predadores préhistóricos até a atual violência urbana e social. Se cada integrante defendesse única e exclusivamente sua própria pele, os bebês não teriam sobrevivido e com certeza não haveria humanidade. Nos tempos de bebê, Rodrigo também usufruiu a religiosidade familiar. O menino praticamente perdeu o pai quando ele se separou de sua mãe. Rodrigo teve na mãe sua guardiã e protetora, enquanto o pai transformou-se também em ex-pai.

A educação familiar deveria basear-se na religiosidade para promover a saúde física, psicológica e relacional. Isso significa que o relacionamento familiar deveria ser mais importante que cada um de seus integrantes. Todos sentem que pertencem à família, mas ela também lhes pertence.

Uma criança que se sinta pertencente aos pais, e cujos pais lhe pertencem respeita-os e aprende a compor-se como membro da família. Quem respeita seus pais tem mais facilidade para entender e aceitar a socialização comunitária. O que uma criança faz com seus pais é o que tentará fazer também na comunidade.

Quando Rodrigo casou com a maconha, sua própria mãe passou a ser uma *persona non grata* nesse casamento. O envolvimento com a maconha acabou sendo mais importante que o relacionamento (religiosidade) com a própria mãe.

A vida como um todo também perde

Quanto mais um usuário estiver casado com a droga, mais ela se torna importante para ele. O relacionamento primordial passa a ser o vivido com ela, nenhum outro mais interessa. Mas é um relacionamento destrutivo. O usuário usa a droga e esta o consome. Ela paralisa sua vida.

Rodrigo percebeu o que aconteceu com ele, entendeu a dinâmica do seu consumo de maconha e tomou a providência de procurar ajuda especializada para superar esse vício. Se Rodrigo não conseguir parar e continuar fumando maconha nessa quantidade altamente intoxicante, ele sofrerá os efeitos do acúmulo de THC no organismo. Provavelmente faltarão energia e disponibilidade para se relacionar com uma garota. Mas, caso a tivesse, não conseguiria engravidá-la, pois o THC acabaria com sua fertilidade. E mesmo que a engravidasse, não teria como assumir a responsabilidade pela educação de seu filho. Assim, se continuar, Rodrigo estaria destruindo a sua história e a humanidade perderia um cidadão.

Desaparece a cidadania

Uma das bases da civilização é a qualidade do relacionamento humano. Cada ser humano dá sua contribuição para preservar e melhorar o que existe, para inventar e criar soluções para os problemas, para impedir que seja destruído o que há de bom e útil.

Desse modo, o homem tem de dar o melhor de si ao outro e ao ambiente em que vive para poder reivindicar para si mesmo o que lhe for de direito. Quem pode estudar que estude, aproveitando ao máximo esse privilégio. Quem precisa trabalhar para sobreviver que trabalhe construtivamente. Quem tiver pessoas para amar que ame sem destruir os outros. Quem puder ajudar, que ajude da melhor maneira possível. Quem for injustiçado ou violentado, que reclame e reivindique seus direitos.

Ao fumar maconha, Rodrigo buscava saciar uma curiosidade, num espírito de aventura em busca de prazer. Nem sequer pensava em algum conflito que estivesse vivendo, não fugia de coisa alguma, muito menos estava pressionado por alguém. Quis atender a uma vontade. Mas não contava com a possibilidade de se viciar.

Só há um modo de ter certeza absoluta de que uma pessoa não irá cair no vício: não pondo a droga dentro do organismo. Ela desequilibra a química cerebral e provoca um prazer que reforça o consumo.[18]

Maior o prazer, maior o estrago

A história de Rodrigo poderia ser muito pior se no lugar da maconha estivessem drogas mais pesadas, como cocaína, *crack* e heroína. Quanto mais prazer a droga proporciona e quanto menos tempo esse prazer durar, maior será o poder viciante da droga. Quanto maior é a rapidez com a qual o

---

[18] Veja explicações no capítulo 1, subtítulo "Maconha", item "Sistema de recompensa".

vício se instala no indivíduo, tanto maiores e mais radicais serão as modificações por ele sofridas, portanto, mais facilmente perceptíveis.

Qualquer ser humano quer repetir a sensação de prazer, e o drogado passa a não suportar ficar sem senti-la. Quanto mais rápido passar seu efeito, mais vezes o usuário terá de recorrer à droga para mantê-la.

4 As drogas e o sistema de recompensa do cérebro

Abordarei a seguir noções sobre o cérebro humano e os diversos tipos de droga para mostrar como cada uma delas afeta os neurotransmissores e os padrões éticos do comportamento pessoal e relacional. A Natureza (ou bioquímica, ou Vida, ou Deus, como preferir) é muito sábia. Para garantir sua existência, proporcionou aos seres vivos uma recompensa cada vez que preservassem sua vida ou perpetuassem sua espécie. Qualquer ser vivo pode usufruir esse prêmio, mesmo que não o compreenda. Essa recompensa é o prazer nos humanos e saciedade nos não-humanos. Hoje, a neurociência conseguiu localizar o sistema de recompensa, pelo qual passam todos os vícios.

As drogas são substâncias químicas usadas, sem indicação médica, para ativar esse sistema de recompensa e provocar sensação de prazer. Para entender como elas atuam, vale a pena conhecer um pouco mais sobre o sistema nervoso. As informações a seguir foram reunidas com o auxílio de Gesina L. Longenecker, com seu livro *Como agem as drogas*[19].

As três porções do cérebro

Pela lei de Evolução das Espécies, de Charles Darwin, o homem é o mais evoluído dos seres vivos. Seu cérebro constitui-se de três partes superpostas e interligadas, como se fosse uma construção clandestina da periferia, comparou Paul Maclean, professor de neurofisiologia do National Institute of Health, em Bethesda, Maryland (EUA). Sobre o cérebro mais primitivo, dos répteis, a Natureza construiu outro mais complexo, presente nos mamíferos inferiores. Depois, fez erguer sobre os dois o cérebro superior, dos mamíferos superiores. Desse modo, em cima da palhoça levantou uma casa popular e, por último, um palácio.

A porção reptiliana do cérebro, o tronco cerebral, responde pelas funções básicas do organismo, como circulação, respiração e digestão. Funciona sem que tenhamos de pensar sobre elas. O cérebro médio, o diencéfalo, é responsável pelas emoções, pela autopreservação e pela continuação da espécie. Ele nos capacita a tomar decisões cotidianas perante as ameaças. As porções reptiliana e média formam o sistema límbico, que comanda todo o comportamento emocional.

[19] LONGENECKER, Gesina L. *Como agem as drogas: o abuso das drogas e o corpo humano*. São Paulo: Quark Books, 1998.

Neurotransmissores: mensageiros químicos

O Sistema Nervoso Central (SNC) é constituído por 100 bilhões de neurônios, células especiais que veiculam as informações entre o cérebro e as outras partes do corpo. Cada função do corpo é controlada por determinada região do cérebro, porém a mesma área pode coordenar mais que uma função corporal.

Os neurônios comunicam-se entre si formando aproximadamente 100 trilhões de conexões, as chamadas sinapses. Como as células nervosas não se tocam, as informações são conduzidas entre elas por mensageiros químicos, os neurotransmissores.

É importante conhecê-los, porque as drogas, em geral, têm estruturas semelhantes a esses mensageiros, podendo imitar ou impedir a sua ação. Os mais importantes neurotransmissores são os relacionados a seguir:

Norepinefrina: Está relacionada com a vivacidade, a concentração, as emoções positivas e a analgesia (supressão da dor). Em baixa dosagem, pode acarretar depressão e falta de atenção; em alta, impulsividade e ansiedade. As bolinhas e os remédios para emagrecer (anfetaminas) podem camuflar os efeitos da norepinefrina.

Dopamina: Encontrada em altos níveis no sistema límbico, é considerada a *molécula do prazer*. Seu efeito principal é produzir euforia. Em excesso, ocasiona comportamento psicótico, incluindo alucinações e paranóia. A falta em áreas específicas do cérebro (gânglios basais) leva ao mal de Parkinson. A cocaína imita o efeito da dopamina.

Serotonina: Está relacionada com as alterações de humor, com as compulsões e outros comportamentos inadequados. Os alucinógenos em geral interagem com receptores de serotonina.

Acetilcolina: Necessária à capacidade de aprendizado, à memória, ao humor e ao sono. Observa-se perda desse mensageiro na doença de Alzheimer. A nicotina imita a ação da acetilcolina.

Gaba (ácido gama-aminobutírico): Inibidor das células amplamente disponível no cérebro. O excesso está associado ao mal de Parkinson. O álcool e os barbitúricos mimetizam os efeitos do Gaba.

As drogas enganam o organismo

As drogas competem com alguns neurotransmissores, imitam outros e, assim, desequilibram seus sistemas funcionais, interferindo em toda a atividade orgânica. Por exemplo, a sensação de prazer é obtida enganando-se o corpo humano. A droga libera a recompensa sem a necessidade de comportamentos positivos, como defesa do território, autopreservação e preservação da espécie. Significa muita recompensa para pouco esforço.

Alterando a química cerebral, as drogas causam enganos e distorções prejudiciais ao corpo humano.

Quando um usuário diz que se droga "porque quer", pode, na verdade, estar camuflando o vício. As pessoas comem porque têm fome, a fome desperta o desejo e a necessidade de comer que atinge o cérebro, e este se organiza para saciá-la. Quanto maior ela for, mais primitivos comportamentos ela mobilizará. O corpo acaba cumprindo o que o instinto determina. Assim também pode acontecer com o consumo da droga. Ela cria no organismo uma relação de pequena causa (pouco esforço para consumir a droga) e muita conseqüência (grande prazer). Desse modo, a droga engana o circuito da recompensa, fazendo-se passar por neurotransmissores que trabalham para receber a gratificação, traindo a natureza biológica do ser humano.

Como as drogas são agrupadas

As drogas podem ser divididas em três grupos básicos, conforme seus efeitos principais:

Sedativas: álcool, inalantes, calmantes, narcóticos.
Estimulantes: cocaína, *crack*, anfetamina, tabaco, *ecstasy*.
Modificadoras do humor e da percepção: maconha, cogumelos, chá de lírio, LSD.

Sedativas

Deprimem o Sistema Nervoso Central e ativam o circuito da recompensa, aumentando o efeito do Gaba. Esse neurotransmissor diminui a excitabilidade dos neurônios, sua ativação tende a reforçar o consumo de drogas.

Álcool: libera a censura interna

As bebidas alcoólicas liberam dopaminas e analgésicos naturais do organismo, as betaendorfinas, responsáveis pela sensação de euforia. A embriaguez e a dificuldade de discernimento são resultados da depressão do SNC. Ao ser metabolizado, o álcool transforma-se em acetaldeído, que tem forte ação sobre os neurotransmissores, prejudicando o aproveitamento das proteínas e interferindo no DNA, material genético das células. Mas não pára por aí. Compromete, ainda, a coordenação motora e libera emoções reprimidas ao derrubar o superego, nossa censura interna.

Surge a dependência quando o organismo se adapta ao consumo e as células só funcionam bem na presença do álcool. O uso prolongado pode causar a fatal miocardiopatia (enfraquecimento e disfunção do músculo cardíaco) e atrofiar o cérebro, provocando a demência senil ou prejuízos na memória e na cognição. O fígado, órgão encarregado de metabolizar o álcool, fica sujeito a danos irreversíveis (cirrose).

Os níveis de álcool nos pulmões estão diretamente relacionados aos níveis de álcool no sangue. É por isso que a lei utiliza o bafômetro para avaliar as condições orgânicas do motorista.

Inalantes: um perigo para os nervos

A maioria deprime o SNC, com efeitos agudos parecidos aos causados pelo álcool. Primeiro vêm a desinibição e a excitação seguidas por falta de coordenação, vertigem, desorientação, fraqueza muscular e, às vezes, alucinações, podendo chegar ao coma e à morte. Esta pode decorrer de asfixia, quando o inalante é aspirado em recipiente fechado (o vapor toma o lugar do oxigênio no recipiente e nos pulmões), ou ser ocasionada por produtos que interfiram no ritmo cardíaco, na chamada síndrome da morte súbita por inalação (*sudden sniffing death*, SSD).

A falta de oxigênio não é detectada pelo cérebro durante a intoxicação devido aos crescentes efeitos sedativos. Se o usuário sobreviver, há risco de danos cerebrais permanentes por causa do efeito tóxico que a maioria desses produtos exerce sobre os nervos. Eles destroem o tecido que isola a célula nervosa (mielina), o que causa danos sensitivos e motores, prejudica a medula óssea e reduz o trabalho do fígado e dos rins.

Tranqüilizantes, sedativos, ansiolíticos e soníferos: relaxam até demais

São substâncias químicas sintéticas que atuam no SNC para diminuir a ansiedade, induzir ao sono ou à anestesia. São medicamentos que deveriam ser usados apenas quando receitados pelos médicos e por eles acompanhados. Viram drogas ao ser utilizados por conta própria. Também ativam o sistema de recompensa liberando mais dopamina, o que reforça o consumo, portanto, viciam.

A seguir, os dois principais membros desse subgrupo:

Barbitúricos: Produzem tolerância e séria síndrome de abstinência. Foram usados como soníferos até serem substituídos por medicamentos mais novos, mais potentes, mais específicos e menos perigosos. A diferença entre a dose sedativa e a que provoca a morte é muito pequena, especialmente quando eles são associados ao álcool.

Benzodiazepínicos: Tranqüilizantes usados em grande escala, com boa margem de segurança. Mas existe o risco de dependência.

Narcóticos: respiração em risco

Ópio, maconha, codeína, heroína e fentanil são os principais opiáceos. A palavra ópio vem do grego e significa seiva, narcótico, letargia. Fumadas ou injetadas, essas drogas reduzem a atividade do Sistema Nervoso Central (SNC), promovendo o alívio da dor (analgesia) e euforia, uma sensação intensa de prazer e bem-estar. Elas interagem com receptores específicos para as endorfinas e as encefalinas, opiáceos naturalmente fabricados pelo cérebro, em várias áreas do SNC, incluindo o Circuito da Recompensa e a medula espinhal.

A maior desvantagem é que acarretam diminuição da respiração, podendo causar a morte por overdose. Outros sintomas são constipação, sudorese excessiva, náusea (inicialmente com vômito, que passa espontaneamente), tosse e contração das pupilas.

O uso crônico de narcóticos causa dependência física e forte tolerância.

O usuário tende a elevar a dose inicial até cem vezes, a fim de conseguir o mesmo efeito.

A retirada brusca não mata, mas causa muito sofrimento. Para evitá-lo, recorre-se à metadona, medicamento que substitui a heroína, sem provocar o vício.

A *heroína* é um derivado semi-sintético da morfina, dez vezes mais potente do que ela. É o narcótico mais difundido e tem esse nome porque os alemães que o desenvolveram sentiram-se como heróis.

O *fentanil*, usado medicinalmente como analgésico, é bastante apreciado como droga pelos usuários de narcóticos, assim como a *morfina* e a *codeína*.

Estimulantes

Essas drogas têm efeito oposto ao das drogas sedativas. Estimulam o SNC e ativam o Circuito da Recompensa. Nicotina, cocaína e cafeína são produtos naturais empregados há muito tempo como estimulantes. As anfetaminas atuam de modo semelhante a estes, apesar de terem origem sintética. A seguir, mais informações sobre essas substâncias:

Cafeína: um mito que cai

O estimulante legalizado mais usado no mundo está presente no café, no chá, no chocolate e em alguns refrigerantes.

A história conta que o café era usado inicialmente para manter as pessoas acordadas nas noites frias, durante longos eventos religiosos. A cafeína estimula o coração e a diurese, além de aumentar a vivacidade e a performance mental e motora, especialmente nos fatigados. Não chega a produzir uma verdadeira euforia, mas cria dependência psicológica. A substância preenche os receptores da *adenosina*, que funciona como um neurotransmissor encarregado de regularizar (inibir) a maioria das funções da célula. Deixa o mensageiro químico impossibilitado de trabalhar, e os neurônios ficam mais estimulados.

Até há poucos anos achava-se que o uso exagerado poderia ocasionar o cafeísmo, um complexo de ansiedade, irritabilidade e depressão caracterizado pelo aumento nos níveis de hormônios relacionados ao estresse. Doses altas ofereciam risco de agitações e até de convulsões. Quem tomasse seis ou mais xícaras de café por dia e tentasse reduzir suavemente a bebida estaria sujeito a dores de cabeça, irritabilidade e letargia. Entretanto, a equipe de cientistas da francesa Astrid Nehlig chegou à conclusão de que cafeína não vicia. Por meio da tomografia por emissão de pósitrons, a equipe concluiu que cafeína não vicia porque não há consumo de glicose no núcleo acumbente[20]. Nehlig testou em humanos que mesmo tomando três cafezinhos o núcleo acumbente não se alterava. Para esse núcleo se agitar seria necessário o equivalente a sete xícaras de café das boas, tomadas de um só gole.

Nicotina: veneno potente

Todos os sistemas do corpo humano são afetados pela ni-

---

[20] "O núcleo acumbente é uma estrutura cerebral antiga que recompensa comportamentos importantes para a vida do indivíduo, fazendo com que ele volte a buscar o que proporcionou aquela sensação boa." (HERCULANO-HOUZEL, Suzana. *O cérebro nosso de cada dia: descoberta da neurociência sobre a vida cotidiana*. Rio de Janeiro: Vieira & Lent, 2002). As drogas viciantes, de modo geral, ativam esse núcleo acumbente.

cotina, o mais notório componente do cigarro responsável pela dependência. Ela é utilizada comumente para estimular o SNC, obter prazer, aumentar a vivacidade e a *performance* nas tarefas, reduzir a ansiedade e o apetite. Provoca, ainda, aumento nos batimentos e na potência do coração, elevações na pressão arterial e diminuição do fluxo de sangue para os órgãos.

A nicotina age em neurorreceptores específicos do Circuito da Recompensa, aumentando a dopamina e reforçando o próprio consumo, que também pode ser ativado pelo ato de fumar. Cada tragada produz um pico da substância que se soma à nicotina residual. Depois de um ciclo inicial de uso e tolerância crescentes, os fumantes padronizam um nível de consumo estável que garante efeitos quase contínuos. O desejo de fumar surge quando a taxa de nicotina cai ou diante de hábitos associados ao cigarro, como tomar café, participar de uma festa, realizar uma tarefa difícil.

A longo prazo, os resultados são desastrosos, sendo o pulmão o maior prejudicado. Os cílios existentes nas vias aéreas perdem a capacidade de se movimentar e há um enfraquecimento dos glóbulos brancos, principais agentes de defesa, o que favorece a incidência de infecções dos brônquios (bronquite), inflamações das vias aéreas e o acúmulo de catarro. Isso explica a tosse persistente dos fumantes. A constrição das pequenas vias aéreas ocasiona asma e destruição dos alvéolos e, conseqüentemente, o endurecimento de suas paredes (fibrose) conduzem ao enfisema pulmonar.

> O câncer de pulmão, de boca e o de garganta ocorrem quase exclusivamente em fumantes. O cigarro aumenta, ainda, o risco de câncer em outras áreas, como peito, fígado, intestino e próstata.

O coração também perde. Fumar aumenta os níveis de lipídios (gorduras) no sangue, sobretudo do mau colesterol, o culpado da arteriosclerose (endurecimento das artérias pela formação de placas de gordura no seu interior).

O monóxido de carbono resultante da queima do cigarro fixa-se nos glóbulos vermelhos do sangue, diminuindo sua capacidade de levar oxigênio aos tecidos. Se a hemácia fosse comparada a um carro, sua capacidade de transportar pessoas (oxigênio) estaria reduzida porque seus assentos foram ocupados com cargas (monóxido de carbono). A medula recebe a ordem de produzir mais hemácias. Mas não adianta colocar mais veículos no trânsito se resta pouco lugar para o transporte de pessoas. Só serve para provocar congestionamento, isto é, o sangue tende a engrossar.

A associação dos dois fatores (placas de gordura mais sangue grosso) com o aumento da pressão arterial torna quase impossível escapar dos acidentes vasculares, causados pela interrupção do fluxo sanguíneo para órgãos vitais, como cérebro (derrames) ou coração (infartos). Podem ocorrer ataques súbitos e morte. Nas gestantes tabagistas, o feto recebe menos oxigênio e nutrientes, nasce com peso menor do que a média e, freqüentemente, antes do tempo.

A nicotina ainda provoca menopausa precoce, com maior risco de osteoporose e impotência sexual feminina.

Os que respiram a fumaça dos cigarros alheios, os chamados fumantes passivos, não escapam: o índice de doenças pulmonares também é alto entre eles. Quem consome quinze ou mais cigarros por dia sente dificuldades físicas ao parar. Os sinais da falta de nicotina são irritabilidade, sonolência, fome, ansiedade e avidez por cigarros. A redução progressiva por meio do uso de emplastros (adesivos) pode controlar tais sintomas.

Das medicações, dentre os antidepressivos, o mais usado é a bupropiona (*Zyban®*), porque ela inibe a recaptação da dopamina e da norepinefrina.

Cocaína: euforia imediata e coração acelerado

Mascar as folhas melhora a vivacidade e os movimentos, altera os pensamentos e suprime o apetite, também costuma inibir os neurônios periféricos que transmitem sinais de dor, causando entorpecimento ou anestesia local. O mais excepcional, porém, é a forma como ativa o Circuito da Recompensa: eleva os níveis de dopamina, trazendo imenso prazer e reforçando o desejo da ingestão. Por tudo isso, sua dependência psíquica é maior do que a gerada por outras drogas.

O pó ainda faz subir a norepinefrina nas junções neurais do coração. Resultado: aceleram-se o ritmo e a potência cardíaca, os vasos sanguíneos se contraem, a pressão sobe, diminui o fluxo de sangue para os órgãos. Como conseqüência do excesso desse transmissor, há risco de ataques cardíacos, derrames e deficiências orgânicas.

O acúmulo de cocaína produz efeitos tóxicos que culminam em derrames e psicoses. O uso repetido estimula a adaptação das células. A tolerância é tão rápida que as doses sucessivas já não trazem os mesmos efeitos. Daí o perigo de overdose, que resulta em convulsão, coma e morte.

Quanto mais rapidamente a cocaína atingir o cérebro, maior será a euforia, mesmo que também cresçam os efeitos colaterais. Fumada, ela alcança o cérebro em seis a oito segundos. Injetada na veia, demora de dez a vinte segundos. Os efeitos máximos são obtidos em três a cinco minutos e a "viagem" dura de trinta a 45 minutos. Inalada, a droga leva de três a cinco minutos para chegar ao cérebro. O pico das sensações acontece depois de dez a quinze minutos e a "viagem" pode durar uma hora.

Crack: detona os neurotransmissores

Introduzido por jamaicanos em bairros pobres de Nova York em meados dos anos 1980, consiste na adição de bicarbonato de sódio à pasta-base da cocaína. Essa mistura, depois de aquecida, endurece e formam-se as pedras que crepitam ao ser queimadas. O ruído característico dá nome à droga.

Cinco a sete vezes mais potente do que a cocaína, o *crack* também é mais cruel e mortífero do que ela. Possui um poder avassalador para desestruturar a personalidade. Age em prazo muito curto e cria enorme dependência psicológica. Assim como a cocaína, não causa dependência física, o corpo não sinaliza a carência da droga. As primeiras sensações são de euforia, brilho e bem-estar, descritas como um estalo, relâmpago, "tuim", na linguagem dos usuários. Na segunda vez, elas já não aparecem. Logo os neurônios são lesados e o coração entra em descompasso (de 180 a 240 batimentos por minuto). Há risco de hemorragia cerebral, fissura, alucinações, delírios, convulsão, infarto agudo e morte. O pulmão se fragmenta. Problemas respiratórios como congestão nasal, tosse insistente e expectoração de mucos negros indicam os danos sofridos. Dores de cabeça, tonturas, desmaios, tremores, magreza, transpiração, palidez e nervosismo atormentam o craqueiro. As pupilas dilatadas e o olhar perdido e desconfiado lembram um zumbi. São comuns queimaduras nos lábios, na língua e no rosto pela proximidade da chama do isqueiro no cachimbo, no qual a pedra é fumada.

O *crack* induz a abortos e nascimentos prematuros. Os bebês sobreviventes apresentam cérebro menor e choram de dor quando tocados ou expostos à luz. Demoram mais para falar, andar e ir ao banheiro sozinhos e têm imensa dificuldade de aprendizado.

A dependência do *crack* tende a surgir logo nas primeiras "pipadas". Entre os viciados a regra é: "Pipou uma vez, está fisgado", afirmação que os especialistas confirmam: *crack* é uma das drogas mais potentes e viciantes.

O cérebro não resiste. O *crack* leva de cinco a dez segundos para ir do pulmão ao Sistema Nervoso Central

(SNC). Ali, age diretamente nos neurônios, multiplicando os efeitos de três neurotransmissores: dopamina, norepinefrina e serotonina. Seu pico de ação é entre dois e três minutos. O êxtase não passa de dez minutos. Logo depois, começa a haver escassez desses mensageiros químicos, resultando em depressão, ansiedade e "fome" de obter mais pedras.

Anfetaminas: efeito prolongado
Empregadas como antidepressivo, moderador de apetite e no tratamento de patologias como narcolepsia (sono incontrolável) e hiperatividade infantil, as anfetaminas produzem efeitos semelhantes aos da cocaína, mas a duração e a toxicidade diferem significativamente.

Tais substâncias químicas sintéticas assemelham-se estruturalmente aos neurotransmissores dopamina, norepinefrina e serotonina. Agem, portanto, nos mesmos neurônios em que esses mensageiros atuam. O uso repetido pode acabar com os neurotransmissores e destruir os neurônios que as acumulam. Entretanto o perigo não termina aí: as doses neurotóxicas (passíveis de matar células nervosas) são facilmente atingidas. Consistem no dobro ou no triplo das necessárias para produzir efeitos psicológicos.

E as sensações podem durar o dia inteiro. A substância se acumula no cérebro, no qual seu nível atinge dez vezes mais que o do sangue. Diante de uma situação que provoque medo, o organismo libera adrenalina, inicia-se o reflexo de luta-e-fuga, soltando as anfetaminas depositadas no tecido gorduroso. Nos usuários crônicos, essa liberação pode provocar psicoses e agressões físicas.

Rapidamente as células adaptam-se às anfetaminas, causando tolerância. A retirada súbita acarreta sono excessivo, aumento de apetite e comportamento depressivo.

Ecstasy: combustível das raves

Ecstasy é a droga da moda. Ele libera a serotonina acumulada no interior dos neurônios e provoca um estado de excitação quase incontrolável no usuário. Mesmo que seja difícil atingir o orgasmo, a sensualidade vem à flor da pele. Mas pode provocar a morte de seu usuário. O seu princípio ativo é a metilenodioximetanfetamina (MDMA), um poderoso psicoestimulante anfetamínico criado em laboratório na Alemanha em 1914 que começou a surgir nas festas *clubbers* da Europa e dos Estados Unidos. É usado como combustível das *raves*, festas de longa duração, para dar tempo de seus efeitos passarem (de sete a oito horas).

Seus vendedores são praticamente do mesmo nível que seus usuários. Compra-se a droga nas próprias *raves*. No começo das festas, o *ectasy* geralmente custa mais caro que no final. Não tem graça tomá-lo sozinho, fora das *raves*.

Os sintomas começam a aparecer em geral depois de duas horas de ingerido. Aumenta a libido e a sensibilidade ao som, principalmente ao tecno, provoca taquicardia, pressão alta, midríase (dilatação das pupilas), com conseqüente sensibilidade à luz, e desidratação. À medida que eleva a temperatura corporal até 41°C, também aumenta a sede, obrigando o usuário a altas ingestões de água. Ele faz o corpo produzir energia exagerada a ponto de o usuário dançar horas sem se cansar.

O ecstasy aumenta a sensibilidade táctil e a excitação sexual, mas pode provocar impotência, pois por ser vasoconstritor dificulta o aporte do sangue ao pênis, prejudicando a ereção. Esta também pode ser prejudicada pelo relaxamento corpóreo geral que aparece após cinco horas da ingestão. É nessa etapa que alguns tomam um comprimido de cloridrato de sildenafil (Viagra®) para conseguir manter a ereção. A associação entre essas duas drogas é conhecida por sextasy[21]. O ecstasy provoca dependência pela sua capacidade eufórica, cuja tolerância logo se estabelece. Produz perda de memória e depressão ao mesmo tempo que aumenta a ansiedade, podendo gerar contrações musculares no rosto e no corpo, além de um quadro de paranóia com mania de perseguição (lembra a esquizofrenia). Provoca lesões cerebrais irreversíveis nas áreas responsáveis pelo raciocínio, afetando a tomada de decisões, o julgamento e a memória. Sua abstinência pode causar depressão, isolamento, aumento de apetite e sono.

Ecstasy pode provocar a morte por vários motivos: desidratação, febre alta, sofrimento cerebral, infarto cardíaco etc.

Modificadoras do humor e da percepção

O interesse da expansão da mente, que caracterizou os anos 1960, popularizou-as como psicodélicas. Mas há

[21] Ver p. 52, capítulo 1.

milhares de anos tais drogas vêm sendo usadas em rituais religiosos e também para oferecer fuga, prazer e poder. Já foram conhecidas como *phantasticants* (que causam visões) e alucinógenos. Agora estão agrupadas pela ação comum de *alteração da percepção*. Os estados temporariamente induzidos por elas têm a mesma base química da psicose. Essa descoberta ajudou os farmacologistas a encontrar fórmulas eficazes, cada vez mais específicas, para tratar várias doenças psiquiátricas. As alterações de percepção se referem ao mundo exterior. Sob a influência da droga, informações sensoriais como cor, forma, ritmo, cheiro e som, entre outras, são modificadas durante seu trânsito pelo cérebro. Portanto, a imagem ou a sensação final produzida na mente é diferente da realidade exterior.

Com a maconha, tais modificações de percepção evoluem lentamente, e as alucinações aparecem somente após doses muito altas e incomuns. Com o LSD, a progressão é rápida, e a alucinação acontece logo.

Cogumelos: viagens atordoantes

A variedade *Amanita muscaria*, também conhecida como "agárico-das-moscas", porque seu sumo atordoa as moscas atraídas por ela, servia para tornar mais destemidos os vikings e fortalecer os antigos atletas olímpicos gregos. Nesse tipo há dois alucinógenos, o muscimol e o ácido ibotênico, que estimulam receptores do neurotransmissor Gaba no cérebro. Desorientação, falta de coordenação e sono são os primeiros efeitos, seguidos de euforia, distorção da noção de tempo, alucinações visuais intensas e alterações de humor, inclusive acessos de fúria. Em altas doses, pode ter efeitos tóxicos.

Empregados como alucinógenos há milhares de anos, os cogumelos apresentam muitas variedades. Os que contêm a toxina amatoxina, por exemplo, podem até matar.

Dentro do grupo *Amanita* existem variedades venenosas, porém raramente são fatais por causa da toxina muscarina, de ação imediata: ela estimula os receptores da acetilcolina, situados no cérebro e no sistema nervoso periférico. Sua intoxicação provoca salivação, lacrimejamento, perda de controle da urina e das fezes. Podem ainda ocorrer contração pupilar, cólicas, náuseas, vômitos e queda do ritmo cardíaco e da pressão arterial.

O gênero *Psilocybe* traz os alucinógenos psilocibina, quimicamente semelhantes à serotonina e ao LSD. Provocam euforia, náusea, sonolência, visão obscura, pupilas dilatadas, aumento da percepção de cores de contornos, formas e imagens. Outras reações comuns são forte ansiedade e angústia, com imagens extraordinárias e assustadoras. Os efeitos podem passar em três horas, mas cria-se rapidamente a tolerância.

Maconha: transforma a mente e o comportamento

São tantos efeitos diferentes produzidos pelo tetraidrocanabinol (THC), o princípio ativo da maconha, que é difícil classificá-lo, a não ser como uma droga psicoativa capaz de alterar a mente e o comportamento. O THC é absorvido oralmente ou por inalação de sua fumaça, altamente nociva.

Duas substâncias irritantes e cancerígenas estão presentes em alta concentração na fumaça da maconha: o monóxido de carbono e o alcatrão. Por isso "baseados" fazem tão mal quanto cigarro.

O alcatrão da fumaça da maconha, que contém THC, é dez vezes mais cancerígeno que o da fumaça do cigarro.

Outro importante componente dessa fumaça é o acetaldeído, o mesmo citado no caso do álcool, que age sobre os neurotransmissores. Ele prejudica o aproveitamento das proteínas pelas células e interfere no DNA, nosso material genético. Está presente no cigarro e aumenta o potencial de dependência da nicotina; no entanto, na fumaça da maconha ele é quinze vezes mais alto.

Ao chegar ao cérebro, o THC é recebido por numerosos receptores localizados sobretudo no cerebelo, nos núcleos da base e no hipocampo, responsáveis pelos movimentos, pelo equilíbrio e em parte pela memória. Isso acontece porque ele tem uma estrutura molecular semelhante à dos neurotransmissores naturais.

A euforia provocada pelo THC decorre da liberação de opiopeptina, que compõe a endorfina e a encefalina, mensageiras lançadas, por exemplo, quando os corredores sentem o "barato" após a corrida e têm maior resistência à dor.

A opiopeptina age no Circuito da Recompensa intensificando o efeito da dopamina. Essa euforia pode ser prevenida com o uso de narcóticos. A recíproca também é verdadeira: o THC pode ser utilizado para alívio da abstinência de narcóticos.

LSD: o usuário sai do ar
Lucy in the Sky with Diamonds, como é conhecido popularmente, ou dietilamida do ácido lisérgico, nome usado na literatura científica, é um alucinógeno sintético cem vezes mais potente que o cogumelo *Psilocybe* e seus efeitos podem durar até doze horas. Bastam apenas 25 microgramas para deixar o usuário *fora do ar* por todo esse período.

A estrutura do LSD é semelhante à da serotonina, por isso limita os efeitos desse neurotransmissor e aumenta a quantidade de dopamina no circuito da recompensa. Produz um resultado muito semelhante ao da psicose esquizofrênica, caso em que a dopamina também está elevada, e cria-se rapidamente a tolerância. Seus efeitos se distribuem ao longo de três fases:

1ª fase: Ação fora do SNC, com aumento do ritmo cardíaco, pupilas dilatadas e temperatura elevada.
2ª fase: Efeitos sensoriais, com distorções sensoriais e pseudo-alucinações. Pode ocorrer uma mistura de informações sensoriais, chamada sinestesia, que provoca sensações como ouvir uma cor, ver um som etc.
3ª fase: O raciocínio se interrompe e surgem as verdadeiras alucinações e até episódios psicóticos, além do medo de despersonalização e da perda de identidade.

5 Por que os jovens usam?

Não apenas filhos de lares desestruturados consomem drogas. Os nascidos em boas famílias nas quais nunca faltou amor também o fazem.

Primeiro são os comentários. Alguém insinua, sugere, comenta indiretamente (ou até mesmo diretamente) sobre um jovem qualquer usuário. Mas os pais nem sempre dão importância, sem desconfiar que o mesmo possa estar acontecendo com o seu filho. O tempo passa, até que vem o susto: recebem um telefonema contando ou, pior, acham algum indício de droga dentro do quarto do adolescente. O mundo parece desabar. E o *anjo cai!*

O anjo caiu: onde foi que eu errei?

Os amigos, os pais dos amigos, os professores do colégio e, às vezes, até a própria vizinhança já sabiam, só os maiores interessados permaneciam na ignorância. Assim como os cônjuges traídos, os pais são sempre os últimos a saber.

A dura descoberta leva a um profundo questionamento: onde foi que eu errei? Não existe uma resposta única, um episódio, uma situação específica capaz de justificar essa culpa. Inúmeros fatores acabam convergindo para o uso de drogas.

Até há pouco tempo, década de 1990, os pais achavam que seus filhos jamais se envolveriam com drogas, baseados em conceitos que antes poderiam ser válidos. Só enveredaria por esse caminho quem: estivesse com dificuldades pessoais; enfrentasse problemas em casa; tivesse pais separados etc.

Hoje, essas situações até podem contribuir para um jovem experimentar drogas, mas, sem dúvida, não são as maiores responsáveis. A droga é usada hoje:

- por simples curiosidade;
- como uma aventura sem compromisso, dada a banalização de seu uso;
- na busca do prazer sem preocupação com os riscos;
- para o jovem mostrar perante seus amigos que é corajoso e destemido fazendo o que tiver vontade;
- por imaginar que vai só experimentar sem tornar-se um viciado;
- por pensar que se usar uma vez só nada de mal lhe acontecerá;
- por falhas na educação;
- por baixa auto-estima, que faz o jovem absorver comportamentos indesejáveis de seus conviventes.

Os primeiros motivos escapam ao controle e à vontade dos pais. Dependem exclusivamente do filho. Quanto aos dois últimos, os pais podem interferir se adotarem atitudes que mudem o rumo dessa história.

Geração asa-e-pescoço

Nós, pais, criamos os filhos procurando dar-lhes o melhor. Fizemos de tudo para que não sofressem o que nós tínhamos sofrido. Porém, o que tenho observado na sociedade e no consultório levou-me a concluir que tais gestos de amor mais prejudicaram que ajudaram na formação dos jovens. Portanto, foram *erros de amor*.

Os pais, hoje, são hipersolícitos, deixam a criança fazer o que quiser, toleram e relevam os erros dela, colocam-na sempre em primeiro lugar, não estabelecem limites para suas ações, fazem por ela o que ela mesma teria de fazer. São gestos de amor, mas inadequados, pois dessa forma os pais não a educarão para que viva em sociedade.

Algum pai se lembra de como os filhos obedeciam só pelo olhar do pai? O pai era uma autoridade suprema, um patriarca. Quando havia frango no cardápio, quem comia a melhor parte, peito e coxa, era o pai. Para nós, filhos, sobravam asa e pescoço. E hoje, pais que somos, não queremos que nossos filhos comam asa e pescoço, como nós havíamos comido, portanto nos empenhamos em lhes dar o melhor. O que eles comem? Peito e coxa. E o que sobra para nós? Asa e pescoço.

Somos, portanto, a geração asa e pescoço, ou seja, uma geração-sanduíche, sufocada de asa-e-pescoço entre duas gerações de peito-e-coxas.

O que ocorreu?
Os avós patriarcas criaram uma geração de pais sufocados.
Que criou uma geração de netos folgados que acha natural usar drogas.

Do autoritarismo para a liberdade total

A família mudou muito nestes últimos cinqüenta anos. Antes, não havia nem televisão no quarto onde dormiam quatro ou cinco irmãos. No Brasil, em 1998, eram 7,4 milhões de filhos únicos!

A principal mudança: a mulher foi trabalhar fora. As crianças, que entravam na escola aos 7, hoje entram aos 2 anos de idade. Os pais passam a maior parte do dia longe de casa. Na volta, querem agradar as criancinhas a todo custo. Não põem os limites necessários à educação. Assim, as crianças não educam suas vontades. Os pais criam verdadeiros príncipes, que se transformam em tiranos.

"Eu não sei o que fazer com esse menino", diz a mãe, apontando para um poderoso catatau de 2 anos de idade que abre o maior berreiro na frente da loja de brinquedos. Do alto de seus 2 anos de idade, aquele nanico consegue desafiar a mãe, até que ela cede: "Tá bom, só dessa vez". Quer dizer: outra vez ele venceu. Venceu porque ela mesma decretou a sua falência, passando então a autoridade para o catatau.

É assim que a criança aprende que basta fazer birra para confirmar seu poder. Sem entender os porquês de a mãe negar-lhe algo, ela aprende a *não tolerar frustrações*. Não consegue "passar vontade", isto é, querer algo e não ter.

E os adolescentes, então? Observa-se neles uma dificuldade muito grande de assumir compromissos, de ter responsabilidade por suas ações. Não fazem muita questão de estudar: "A escola é boa, o que atrapalha são as aulas". Não querem saber de nada, só da turma.

São "aborrescentes". Mas um aborrescente não nasce da noite para o dia. Antes ele já foi uma *crionça* (mistura de criança com onça). Talvez uma *crioncinha* linda naquele tempo em que os pais a deixavam fazer tudo. O pobrezinho começava a chorar, logo ofereciam colo. Qual é a criança que não gosta de colo? Pode não resolver o que provocou o choro, mas dá certa tranqüilidade. Assim, aprende que é mais importante o alívio do sofrimento do que a resolução do problema.

Percebemos, então, que não é assim tão de repente que o adolescente decreta: "Eu quero, eu faço, e ponto final".

"Eu posso tudo"

Quando sai do banho de hormônios, o jovem parte em busca de sua identidade social. Na infância, a criança adquire o sobrenome; na puberdade, a identidade sexual; na adolescência, o próprio nome. Para ficar bem com o próprio nome, ele busca ligar-se a pessoas entre as quais se sente bem. Incorpora-se a uma turma, sua nova família.

Quanto mais radical ele for – só quer saber dos amigos e não dos pais ou só se relacionar com a família e não ter amigos –, pior ele estará. Para caminhar é preciso usar as duas pernas. Algo não está bem quando se anda numa perna só, família ou amigos. O adolescente saudável caminha com as duas pernas, isto é, tem livre trânsito entre a família e a turma, que podem, inclusive, ser complementares. O adolescente pensa: "Se eu sempre pude fazer tudo, porque não posso usar drogas?"

> Na sociedade existem coisas boas e ruins.
> Uma das piores é a droga.
> Se o adolescente foi educado com os erros
> de amor, tem maior risco de usá-la.

Saciar a vontade é o que importa

No mínimo, o jovem sabe que maconha dá prazer. Porém não percebe o custo desse prazer. Mas, para ele, o custo não interessa, tampouco a responsabilidade por seus atos, o que importa é saciar suas vontades. Assim ele foi educado.

Sempre pôde fazer o que quis. Agora, sem os pais por perto, sente-se poderoso para continuar fazendo o que quer. Os pais e a sociedade só agem se o pegarem.

Mesmo que os pais educassem os jovens sem os erros de amor, eles estariam sujeitos a experimentar a maconha, pela benevolência da sociedade. Quando o púbere se despede da infância, some também da sua vida tudo aquilo que aprendeu sobre maconha. Quando criança, poderia ser radicalmente contra o cigarro, mas agora, adolescente, interessa-se pela maconha.

O adolescente só experimenta maconha quando já tem uma opinião favorável ao seu uso. O grupo de usuários se isola na festa e é assediado por quem deseja experimentar. Até que alguém do grupo lhe oferece. Assim se passa a maconha, como droga da amizade.

Com o tempo, aquela pequena quantidade de THC, *o princípio ativo da maconha, já não satisfaz.*
Então ele quer mais...

Na roda de usuários, ele aprende a esconder os sinais que denunciam o ato indevido. É preciso impedir que os pais descubram, do contrário será criada uma série de obstáculos a seu uso e poderão vir sanções. O jeito é aprender a enganá-los e negar sempre que for surpreendido. Tem de ter as respostas na ponta da língua...

Não dá para esperar

As perspectivas para o futuro não são animadoras. Nestes tempos contemporâneos, surge um novo personagem, os "pães" – pais com a função de mães. As crianças começam a se acostumar com o pai carregando sua mochila, tarefa antes exclusiva da mãe. Com freqüência podemos observar, em áreas sociais como as praças de alimentação dos shoppings, crianças que dão respostas mal-educadas ao pai e, não raro, tapas no rosto dele quando não atendidas. *É a tirania despontando.*

Essa geração de crianças parece muito mais perdida que a anterior. Quem já acha os adolescentes de hoje insuportáveis, qual será a qualificação dos novos adolescentes? O fato de sermos pais biológicos não nos capacita a educar nossos filhos. Somos pais silvestres, educadores sem capacitação, pois há muita informação disponível para quem estiver interessado.

E a melhor prevenção ao uso de drogas é a educação que fortalece a auto-estima, combustível que ajuda os jovens a ter um comportamento que se norteia pelos seus valores interiores. Em vez de ser massa de manobra de alguns delinquentes, o jovem saudável pode influir e até mudar o futuro de uma turma. Ainda há tempo de fazer valer o *não*. Educação é um fenômeno vivo. A cada momento podemos evoluir e fazer mudanças.

6 Sinais e disfarces

Identifico, neste capítulo, os sinais comuns do uso da maconha e os truques usados para sua dissimulação com o intuito de facilitar a detecção precoce de usuários.

A detecção precoce é fundamental. Quanto antes se inicia o trabalho com um jovem usuário, maiores as chances de recuperação e menores os danos impostos à saúde física, emocional e relacional.

Em geral, os pais descobrem o uso de maconha de um a dois anos depois de seu início e, no caso de cocaína e *crack*, um pouco antes, pois os prejuízos são muito mais rápidos e evidentes. Podem, até, nem ficar sabendo quando se trata de lança-perfume e de outros inalantes, anoréxicos, alucinógenos e certos medicamentos.

Cada droga, ou grupo de drogas de princípios ativos semelhantes, provoca sensações físicas e modificações psicológicas características. A tendência dos usuários, quando possível, é empregar disfarces específicos para ocultar os sinais característicos da droga. Tais sinais são chamados de "palas" pelos "entendidos" (pessoas habituadas ao linguajar dos usuários de drogas).

Apesar de bastante significativos, tais indícios não confirmam obrigatoriamente a presença da droga. Mas levantam suspeitas. É claro, convém certificar-se antes de fazer acusações. Quanto maior o número de sinais, maior a probabilidade de a droga estar sendo usada, embora nem sempre os sinais sejam claros, pois é comum o uso de mais de uma droga.

Maconha: olhos alterados e odor peculiar

Um dos primeiros pontos a observar é a mudança de opinião: o jovem começa a defender a descriminalização da maconha. Em geral, quem a defende já a utiliza ou está perto de experimentá-la.

Embora negue que a consuma, passa a vestir camisetas com frases engraçadas sobre a droga ou desenha a folha da maconha num caderno da escola ou numa camiseta.

Os sinais descritos a seguir surgem quando o jovem acaba de fumar um baseado. Eles dependem da quantidade absorvida de THC e da tolerância que a pessoa apresenta.

1 **Olhos vermelhos:** O THC dilata as artérias da esclerótica (branco dos olhos), que adquire cor de sangue vivo. Esse vermelhão pode durar de minutos a uma ou duas horas. Uma vez criada a tolerância, algumas pessoas

podem não mais ficar com os olhos injetados. Bastam algumas gotas de colírio (anti-séptico e descongestionante ocular) para as artérias voltarem ao tamanho normal. Em menos de um minuto, os olhos tornam-se brancos outra vez.

2 **Boca seca:** A maconha seca as glândulas salivares por até uma hora. A saliva fica bastante espumosa, branca, e diminui tanto que não dá para cuspir. O usuário masca chiclete para ativar a produção de saliva, bebe líquidos, especialmente refrigerantes, por serem adocicados, ou come bastante para "matar a larica[22]" e ao mesmo tempo estimular a salivação.

3 **Hálito característico:** A respiração e o hálito adquirem o cheiro de maconha. Balas com gosto muito forte ou essências contra mau hálito servem de disfarce, embora o mais comum seja fumar um cigarro depois, para trocar o cheiro da maconha pelo do tabaco.

4 **Expiração forçada:** Após uma expiração normal, força-se a expulsão do ar pulmonar residual, encolhendo a barriga e dobrando a coluna para a frente. Dificilmente o cheiro de maconha presente no ar residual pode ser disfarçado.

5 **Cheiro nos dedos:** É possível perceber o cheiro da droga nos dedos se unir as pontas dos dedos polegar, indicador

---

[22] "Larica" é a gíria para a fome química provocada pelo THC. Ela independe do fato de o usuário estar ou não com fome de alimento.

e médio e cheirá-los com uma aspiração rápida e profunda. Para dissimular, os usuários passam sabonetes, perfumes ou qualquer outro produto de cheiro forte ou, ainda, cultivam o hábito de ficar triturando plantinhas cheirosas com os dedos.

6 O amarelo dos dedos: A resina do THC vai se acumulando na ponta dos dedos. Utiliza-se o método de lixar os dedos nas paredes ou até mesmo no asfalto.

7 Midríase: As pupilas ficam dilatadas de uma a três horas e freqüentemente não se contraem sob a ação da luz direta. A manobra mais comum é tirar os óculos escuros e olhar para o Sol e assim forçar a pupila a se contrair.

8 Rastreamento: É a capacidade que os olhos têm de acompanhar movimentos rápidos. No recém-canabisado, os olhos perdem essa capacidade e ficam parados, com movimentos lentos, dando a impressão de que o usuário está "desligado" da realidade.

9 Pestanejamento: O movimento de abaixar as pálpebras ao piscar os olhos tem a velocidade fisiológica natural reduzida na pessoa que acabou de canabisar.

10 Pálpebras semicerradas: Os olhos parecem pequenos, isto é, ficam pouco abertos. Isso ocorre porque as pálpebras superiores não sobem completamente. Para disfarçar eles apertam o globo ocular, massageando as pálpebras para ficarem mais "espertas" e recuperar um pouco a abertura dos olhos.

11 **Fala pastosa:** A voz sai mole, grossa, mais vagarosa porque os usuários relaxam também as cordas vocais. Às vezes tropeçam em algumas palavras. Lembra a embriaguez alcoólica, mas a intensidade é menor. Mais do que disfarçar, tentam esconder falando o mínimo possível. Maconha e cigarro podem relaxar os músculos das cordas vocais, engrossando a voz.

12 **Rosto sem expressão:** Os músculos da face podem relaxar, perdendo a expressividade, como se estivessem sob efeito de anestesia. Atendi um rapaz que ficava dando tapinhas no próprio rosto para recuperar a expressividade.

13 **Cheiro na transpiração:** Pode ser encontrado odor de maconha no suor até cinco horas após a canabisada, especialmente ao fazer grandes esforços físicos de forma contínua, como ginástica, caminhadas e esportes.

14 **Aumento dos batimentos cardíacos:** O coração dispara, atingindo quase o dobro de sua velocidade normal. Parece que o coração vai "sair pela boca".

15 **Cresce a sensopercepção:** Com olhos e ouvidos mais aguçados, "viaja" no que está vendo ou "curte" um som. Fica um longo tempo observando um detalhe que lhe chame a atenção, com uma expressão de encantamento.

16 Ilusões: Os objetos são percebidos de modo distorcido, dançam, mudam de forma ou cor e até a noção de distância é perdida.

17 Alucinações: Pode perceber objetos que não existem, mas não é comum ter alucinações. É interessante notar como o jovem reage: ele pode concordar com os dezesseis itens anteriores, mas se nunca teve alucinação afirma que "este livro não está com nada". É a desculpa de que precisava para parar de ler.

18 Delírios: A maioria não chega a apresentar esse distúrbio de crítica. No delírio, o usuário acredita que as alucinações sejam reais.

O termo "chapado" é usado quando a pessoa apresenta os sinais 7, 8, 9, 10, 11 e 12. "Chapadaço" quando tem os olhos sem vida, o rosto sem expressão, pisca lentamente, suas pálpebras não se abrem por completo, parece estar com uma máscara de cera (expressão de tartaruga). Os sinais 11, 12, 13, 14, 15, 16, 17 e 18 dificilmente são disfarçáveis. Entretanto, a tolerância criada pela maconha reduz a maioria desses sinais, sobretudo os de número 15, 16, 17 e 18.

Os usuários de maconha, sabendo que os pais estão "ligados", tomam o cuidado de disfarçar os efeitos do colírio para chegar em casa de madrugada. Como o colírio deixa os olhos brancos demais e isso pode despertar a atenção dos pais, eles acabam esfregando bastante os olhos para que fiquem pelo menos um pouco vermelhos, como cansados da noite.

Comportamentos suspeitos

Há várias atitudes tomadas com freqüência por canabistas para ocultar seu envolvimento com a maconha:

1 forçar aparente normalidade;
2 permanecer fora de casa de duas a três horas, período necessário para passarem os efeitos da maconha;
3 evitar o encontro com os familiares, p.e., ficando mais tempo fora de casa;
4 atacar a geladeira, esvaziando-a "de cima para baixo", e depois "capotar" (cair rapidamente em sono profundo);
5 passar reto pelos pais, fazendo um cumprimento apressado, a distância, e indo direto para o quarto;
6 receber telefonemas rápidos. Responder em códigos e gírias. Em seguida, ele sai para dar um "rolê" (volta), que dura de duas a três horas, quando canabisa, ou poucos minutos, só para pegar o "bagulho";
7 receber alguém desconhecido em casa, com quem se fecha no quarto, que tanto pode ir embora rapidamente, pois veio somente trazer/pegar o "bagulho", como ficar ali tempo suficiente para canabisarem juntos;
8 dormir na classe ou tentar anotar freneticamente tudo o que os professores disserem para não dar "pala" de que canabisou a caminho da escola. As letras saem irregulares, tortas, muitas vezes ilegíveis até mesmo para ele.

Respostas típicas

Existem algumas respostas-padrão que praticamente todos os canabistas que atendi no consultório deram aos pais em determinadas circunstâncias. Quando os pais recebem telefonemas anônimos ou informações de outras pessoas de que o filho está envolvido com drogas, o usuário contesta, agindo com inteligência:

Tira de foco o uso da maconha para jogá-lo sobre a credibilidade: "Vocês acreditam mais em estranhos do que em mim, seu filho?". Ou: "Vocês não confiam em mim?".
Desloca o problema para o antecedente pessoal: "Nunca dei motivos para vocês duvidarem de mim. Eu não minto!".
Intimida os pais, mostra convicção de não uso, deixa-os em dúvida, muda o foco do problema.
Reage agressivamente, sente-se ofendido e indignado, mostra-se magoado.

Quando os pais encontram maconha guardada ou muito bem escondida no quarto, o usuário contesta:

"Não é minha! Nem sabia que estava aí! Não sei de quem é!"
"Não sei o que é isso! Um amigo pediu para guardar para ele. Não vi nada de mais em ajudar um amigo."
"É do meu amigo! Guardei em casa para ele porque na casa dele é sujeira!"
"Eu estava para devolver para ele."

Se os pais tentam identificar de quem é a maconha, quem a ofereceu e quais são os outros que também estão canabisando, o usuário reage:

"Não vou bancar o dedo-duro!"
"Não vou dedar meus amigos!"
"Não tem nada a ver ficar pensando que ele me forçou a fumar. Eu é que quis experimentar!"
"Todos os meus amigos fumam" (generaliza para amenizar a situação).

Quando os pais o surpreendem canabisando ou ele mesmo admite, o jovem afirma:

1 "Eu só experimentei" (mas já é um usuário eventual).
2 "Eu só fumo uma vez ou outra" (usa diariamente).
3 "É só no fim de semana" (usa diariamente).
4 "Eu gosto de uns peguinhas uma hora ou outra" (fuma, porém, mais de uma vez por dia; já atendi pessoas que deram essa resposta e que fumavam até oito baseados todo dia).
5 "Não estou fazendo mal a ninguém, não incomodo ninguém, estou na minha, quietinho, fumando no meu canto" (o usuário não considera os prejuízos à disciplina, não pensa na ingratidão aos seus familiares, no seu rendimento escolar, nem nos danos afetivos, materiais e sociais causados às pessoas que o amam).
6 "Maconha faz menos mal que cigarro." "Álcool é pior."
"Você bebe seus drinques, a mãe fuma seu cigarrinho e eu não posso fumar a minha maconhinha?"

7 "Vou parar, já que vocês insistem tanto!"
8 "Vou parar por vocês, porque por mim eu continuaria."

Depois de toda essa argumentação, é comum os pais sentirem-se mal. Como podem perder a confiança em um filho? Minha experiência revela, porém, que tais respostas e comportamentos se manifestam, com muita freqüência, em jovens que já utilizam maconha habitualmente. Mentiras, dissimulações, omissões, contra-ataques e promessas fazem parte da vida da maioria dos canabistas.

Pais que se tornam impotentes perante essas respostas poderiam procurar ajuda externa, profissional ou não. O silêncio dos pais é conivência para o filho continuar usando drogas.

A avaliação conclusiva, isto é, o xeque-mate, pode ser dada por um exame de urina em que se pesquisa a presença do THC. Esse exame tem de ser pedido de dois a três dias após a canabisada, pois no dia seguinte e até mesmo no segundo dia após o uso, os sinais de THC podem ainda não aparecer na urina. Com certeza de três a cinco dias após o seu uso, uma boa quantidade de THC pode ser detectada na urina.

Cocaína: agitação extrema e problemas nasais

A cocaína produz alguns sinais característicos que podem ser reconhecidos por aqueles mais atentos.

1 Olhos brilhantes: O usuário fica de "olho em pé". As pupilas dilatam-se, os olhos movimentam-se rapidamente, extremamente vivos e bem abertos.

2 **Boca seca:** Falta saliva e a língua tende a ficar branca, devido à saburra que se acumula ali.

3 **Agitação psicomotora:** O usuário não pára quieto. Fala e gesticula bastante, demonstra um estado de euforia, uma espécie de alegria exagerada.

4 **Dificuldade para dormir:** A agitação é tanta que o impede de conciliar o sono. Ele não pára de se movimentar, parece estar "fritando na cama". Geralmente acaba usando calmantes, álcool ou maconha para sossegar.

5 **Coordenação motora diminuída:** Diminui a capacidade de realizar atividades manuais, podendo atrapalhar-se ao dirigir.

6 **Ritmo acelerado:** Seus movimentos, pensamentos, fala, tudo está a mil por hora. Pode apresentar tiques.

7 **Hábito de fungar:** Ele "puxa" o nariz, pois sente a presença da coriza (nariz vazando), como se estivesse resfriado.

8 **Mexe sempre no nariz:** Limpa-o constantemente com as costas das mãos, como se estivesse escorrendo.

9 **Transpiração excessiva:** O suor é freqüente nas mãos e axilas, um pouco na testa e raramente nos pés.

10 **Fala com os dentes cerrados:** Dá a impressão de que está mordendo algo com bastante firmeza ("trincando" os dentes).

11 **Tonturas:** Podem vir acompanhadas de tremores e até mesmo de convulsão.

12 **Desconfiança:** Acha que todos já perceberam o que ele "aprontou". Essa é a "nóia" (paranóia), sentimento de estar sendo perseguido.

13 **Perda de apetite:** Esse sinal permanece por dias. Mesmo fora dos efeitos agudos da cocaína, o usuário pode não ter vontade de comer e acaba emagrecendo.

14 **Mudança de humor:** Torna-se inquieto, impaciente, intolerante, irritável e agressivo.

A cocaína confunde

A cocaína não deixa cheiro, e como seus sinais físicos não são tão exuberantes como os "olhos vermelhos" da maconha, seu uso moderado costuma passar despercebido. Em doses pequenas, o pó torna o usuário ousado, agitado e falante. Ele não tem medo de se expor, exceto quando está "noiado" ou fungando.

Os pais podem confundir a ousadia causada pela cocaína com o efeito de bebida. O que diferencia é o hálito alcoólico.

Quando os efeitos começam a passar, de quinze a trinta minutos depois, resta uma sensação muito desagradável. Para evitá-la, o usuário cheira outra vez ou bebe. As alterações provocadas pelo uso em larga escala dificilmente podem ser camufladas.

Em baixas doses, a cocaína deixa o jovem falante e sociável. Com muita cocaína, os sinais tornam-se indisfarçáveis, forçando o isolamento.

Se a forma de uso for injetável, há sinais: marcas das agulhas que penetram nas veias. Para escondê-las, alguns escolhem veias longe de qualquer suspeita, como as do calcanhar e até mesmo as do pênis.

Também podem ser encontrados apetrechos utilizados para cheirar ou injetar a cocaína: espelhinhos, giletes, canudos, fósforos, seringas etc. Para se ter certeza do uso, o xeque-mate pode ser dado pela pesquisa de cocaína na urina. Seus resíduos são encontrados do dia seguinte ao uso até quinze dias após.

Crack: difícil de esconder

Considerado a mais potente e viciante droga existente no Brasil, o *crack* tem sinais dificilmente disfarçáveis, e o usuário também não costuma demonstrar muito interesse em encobri-los, pois o vício domina seu comportamento. Pupilas dilatadas e olhar perdido e desconfiado são comuns nos usuários, como também queimaduras nos lábios, na língua e no rosto, ocasionadas pela proximidade da chama do isqueiro no cachimbo, onde a pedra é posta para ser fumada. O cheiro característico das drogas aspiradas aparece no bafo. Outros sinais importantes a serem verificados no uso do *crack* são euforia, desinibição, agitação psicomotora, taquicardia, dilatação das pupilas, aumento da pressão arterial e transpiração intensa. O usuário ainda está sujeito a alucinações e delírios.

Entre os efeitos crônicos mais comuns estão as dores de cabeça, tonturas e desmaios, problemas respiratórios como congestão nasal, tosse e expectoração de mucos negros, anorexia, desnutrição aguda e profunda, fadiga, insônia, perda de peso, depressão, alterações nas ações do cotidiano. A droga lesa os neurônios e pode ocasionar a morte por overdose.

Alerta importante a pais e professores

Muitos pais confundem a rebeldia e o desinteresse pelo estudo provocados pelo uso de drogas com os comportamentos normais da puberdade e da adolescência. Isso acontece porque durante muito tempo a adolescência foi mal compreendida. Por isso é preciso diferenciar a psicologia do desenvolvimento do jovem da psicopatologia associada às drogas.

Eu dividi o período de desenvolvimento do jovem em etapas sucessivas, de acordo com as mudanças hormonais, a idade cronológica e a emocional: confusão pubertária; onipotência pubertária; estirão; menarca ou mudança de voz; onipotência juvenil e adulto jovem. Cada fase tem sintomas próprios bem demarcados[23].

As medidas cabíveis somente devem ser tomadas se houver indícios ou fortes suspeitas de uso, após uma verificação bem feita, pois raramente os jovens confirmam seu uso.

---

[23] Para mais informações a respeito, sugiro a leitura do meu livro *Adolescentes: quem ama, educa!*, da Integrare Editora.

7 Maconha: Onde? Quando? Para quê?

Sabendo onde, quando e como os jovens fumam maconha, pais e professores podem descobrir, combater e prevenir melhor o seu uso.

Locais preferidos

"Aocasião faz o ladrão", diz o ditado popular. Pois eu acredito que a ocasião desperta o ladrão que já existe dentro de alguns. Machado de Assis já dizia: "A ocasião faz o furto, o ladrão nasce feito". Quem não carrega esse ladrão dentro de si não rouba, por mais favoráveis que sejam as condições para fazê-lo. Do mesmo modo, não são certos locais que suscitam o uso das drogas; eles apenas funcionam como facilitadores quando já existe uma vontade prévia.

Pouco adianta simplesmente proibir os jovens de freqüentar tais lugares. O que devemos fazer é prepará-los. Eles precisam saber que os pais estão "ligados" e atentos aos ambientes que os filhos freqüentam. Embora a maconha possa ser usada em qualquer lugar, os usuários encontram condições mais favoráveis para canabisar nos seguintes locais:

1   Nos lares: em casa, nos prédios e condomínios.

2   Nas comunidades: escolas, clubes e agremiações e, também, em suas imediações.

3   Na sociedade: carros, ruas, praças, botecos, escadarias e esquinas.

4   Em eventos de grande público: shows, estádios etc.

5   Nos fins de semana, feriados e férias: casas de veraneio, praias e acampamentos.

6   Em festas: *raves* e festas *legalize*.

Quarto, banheiro e terraços são os locais mais visados. Acende-se o baseado quando não há adultos ou pessoas indesejáveis (as que não usam drogas) por perto.

No quarto
É bastante comum um transeunte na rua, olhando as janelas dos edifícios, ver alguém "fumando um". Isso ocorre geralmente no começo da tarde, quando os pais ainda não estão em casa e eles "não têm o que fazer", pois o que há para ser feito (tarefas caseiras e estudar) é muito chato.
     É fácil diferenciar quem está fumando cigarro de quem está fumando maconha. Em geral, o cigarro de tabaco fica entre o dedo indicador e o médio, e o cigarro de maconha, entre o indicador e o polegar, formando uma pinça. A fumaça do cigarro é solta logo, e da maconha per-

manece mais tempo dentro dos pulmões para que o THC seja absorvido pelos alvéolos pulmonares. O usuário de maconha dá uma tragada e prende a sua respiração, com o peito cheio de sua fumaça.

Depois de canabisar em casa, a maior preocupação é acabar com a "marofa" que permanece no ambiente. Há duas manobras muito utilizadas para tentar eliminá-la:

Ligar ventiladores e deixar janelas completamente abertas, mesmo que esteja um frio danado. Tapar as frestas das portas e colocar um pano na soleira para que a "marofa" não invada o resto da casa.

Usar perfumes, desodorantes, *sprays* e produtos de limpeza com cheiro forte, acender incensos, encardir o ar com fumaça de cigarro, deixar o cinzeiro cheio de pontas de cigarro etc.

Alguns apetrechos utilizados para canabisar podem ser encontrados: como isqueiros, papéis de seda, "maricas", "cemitério de pontas" (recipientes usados para guardar as "pontas" – parte final da maconha não fumada que contém grande quantidade de THC), "dichavador" para soltar a maconha prensada, "pilador" (ou pilo), espécie de instrumento pressionador da maconha já enrolada dentro da seda, estojinhos, saquinhos e pacotinhos com forte cheiro de maconha, que servem para guardá-la. A própria maconha pode ser encontrada, podendo estar solta como orégano ou prensada e dura. Geralmente é guardada bem embrulhada para não exalar o seu característico cheiro.

Sob o vapor do banheiro

Como qualquer pessoa normalmente tranca a porta do banheiro para tomar banho, os usuários de maconha aproveitam-se desse hábito para ali "queimar um". A manobra utilizada para dissipar a "marofa" no banheiro é a do vapor d'água. O chuveiro muito quente solta bastante vapor d'água, que leva a "marofa" junto.

Outros cantos escolhidos

Fica mais fácil dispersar a "marofa" ao ar livre, nas sacadas e terraços das casas e apartamentos, do que aplicar as manobras citadas para ambientes mais fechados. O vento contribui para aliviar o cheiro quando se fuma ao ar livre.

Os jovens somente canabisam nos aposentos comuns da casa, como na sala de TV, quando existe a "limpeza" total, isto é, nenhum risco de ser surpreendido por alguém.

Topo do edifício

Por ser lugar de difícil acesso e pouco freqüentado pelos moradores, os riscos são mínimos. O canto preferido é a casa das máquinas dos elevadores.

Garagens e áreas livres

Em prédios e condomínios esses lugares são escolhidos quando a preocupação em esconder o fumo é secundária. Os usuários exibem-se para os filhos dos outros condôminos, só não querem ser descobertos pelos próprios pais. Em casas, a garagem merece atenção especial por ser o local menos freqüentado pelos moradores. O usuário sempre pode encontrar alguma justificativa para sua permanência ali.

Apartamentos desocupados ou em reforma

Quando têm acesso ao interior desses apartamentos, os usuários fazem deles o seu *point*, que funciona quase como um terreno baldio dentro do prédio, uma terra de ninguém – livre para o uso de drogas.

Flat doméstico de amigo(a) ou namorado(a)

Está ficando bastante usual que o adolescente tenha seu próprio espaço montado dentro de casa com funcionamento independente desta. Tudo de que ele precisa está no quarto, como se fosse um *flat*, território onde os pais não entram. Atendi uma família cujo filho freqüentava o *flat* de uma garota, que era um verdadeiro *point* para o uso de maconha.

Lares de amigos

Quando a família de um canabista está fora, o apartamento ou casa pode se transformar num excelente *point*, e a maconha rola solta. O caso se agrava mais quando o pai de um deles também fuma maconha junto com o filho ou tolera o canabismo. É um estímulo para toda a turma. Este vira um cúmplice ativo das "rodadas de maconha".

A caminho da escola e dentro dela

Alguns usuários já chegam "chapados" à escola, para estar apenas "de corpo presente" na aula. Dizem que é impossível prestar atenção em certas aulas chatas (segundo seus próprios critérios) – mesmo se estivessem "caretaços" (ou seja, livres de qualquer efeito da maconha).

Podem canabisar antes de sair de casa, quando alguém os leva à escola, ou no caminho, na rua, numa pracinha ou ruela, na maior "sussa" (sossego). Esses mesmos locais são os escolhidos pelos alunos que saem da escola no intervalo para dar um "rolê" – que na gíria dos usuários significa dar uma canabisada.

Um adolescente me contou que escondia uma "carinha de fumo" em cima de uma árvore numa praça perto de sua escola. Soube por ele que praticamente todas as árvores dessa praça serviam para "mocozar" (esconder) maconha. Atendi estudantes que fumavam em salas de aula vazias e até no próprio grêmio dentro da escola.

Terras de ninguém e tolerância indevida

Quando escolas, clubes e agremiações previnem e controlam o uso de drogas, os usuários vão às suas imediações, que são terra de ninguém. Nos locais *legalized*, maconha está dentro. As entidades não se responsabilizam pelos atos de seus sócios ou alunos fora de suas dependências. A polícia, por sua vez, é tolerante: quando surpreende o uso, costuma devolver o envolvido para o estabelecimento de onde saiu (escola, clube etc.).

O regimento desses locais, em geral mais brando do que a ação policial, tende a acobertar os usuários. Há escolas que não tomam nenhuma providência em relação aos alunos flagrados, nem sequer avisam os pais ou responsáveis, falta de ação que demonstra nítida cumplicidade com o uso de drogas.

Quem lucra com isso são os traficantes. Essa postura dos que "lavam as mãos" estimula o uso e acaba custando caro aos usuários e a todos os seus meios – familiares, escolares, sociais.

Vestígios dentro do carro

O interior dos veículos funciona como um "fumódromo" ambulante, para se fumar sozinho ou em grupo. Ocasionalmente, os carros param em praças, seguem vagarosamente em ruas pouco movimentadas ou encaram tráfego congestionado. E se perceberem que levantaram qualquer suspeita podem mudar para outro lugar onde não sejam importunados.

Há meios de os pais saberem se o carro da família já serviu de *point* de uso de maconha. Primeiro, fique atento aos vestígios: pontas de baseado, sementinhas, gravetinhos, papéis de seda ou similares, "maricas", colírios etc. Depois, observe se apareceram queimaduras em bancos e encostos no formato de pequenos círculos, quase do diâmetro de um dedo. O baseado passa de mão em mão e, às vezes, um solta a maconha quando o outro ainda não a pegou. Se o baseado não estiver bem "pilado" (apertado, pressionado), a seda queima e a brasa cai. Quando o cigarro de tabaco é tragado, a brasa atinge a temperatura de quase 800ºC. A brasa do baseado também deve ter uma alta temperatura, porque queima imediatamente onde ela toca.

Por último, faça este teste: deixe o carro totalmente fechado sob o sol. Quando estiver bem quente, abra a porta e cheire o bafo de ar quente que sai dele. Caso o carro tenha sido usado como fumódromo, com o bafo vem a "marofa". A fumaça da maconha se condensa e adere às superfícies frias. Com o aquecimento, o condensado reassume a forma gasosa. A temperatura da volatilização é facilmente atingida por um chuveiro bem quente ou por um carro fechado estacionado ao sol.

Estádios e shows

Qualquer lugar que ofereça pouca possibilidade de o usuário ser surpreendido pelas pessoas que lhe representam perigo – pais, parentes, policiais, amigos íntimos da família – pode ser usado para canabisar. E não se trata apenas de locais vazios ou com poucas pessoas, mas também de locais de muito público, como estádios lotados para partidas esportivas ou para shows musicais.

Quem não usa drogas nem sequer desconfia de que, nos momentos de maior vibração, a torcida pula para comemorar o gol e o usuário se abaixa para acender o seu baseado.

Alguns shows musicais não somente toleram como estimulam o uso da maconha. Certos grupos chegam a fazer apologia das drogas, e a platéia se une nessa conivência, tolerância e cumplicidade. Muitos vão a esses eventos não pela qualidade musical, mas apenas com o intuito de se drogar. É quase uma forma de religião, em vez de cada um "rezar" sozinho em casa, "rezam" juntos. Unem-se para o uso coletivo, estimulados por letras que enaltecem as drogas.

Já ouvi relatos de jovens que vão a tais shows sem portar maconha. Quando vêem alguém canabisando, pedem-lhe o baseado para dar somente duas tragadas. O código é: "Dá um dois".

No fim, toda a platéia, usuários e não-usuários, sai com cheiro de maconha nos cabelos e nas roupas, porque todos foram atingidos pela "marofa".

Casas de veraneio

Na ausência dos pais, tais casas são ideais para se transformar em *point* de uso de drogas. Por isso, olho vivo quando o filho, antes bastante sociável e com muitos amigos, começa a passar os fins de semana sozinho ou, principalmente, com uma turma nova, longe dos pais ou familiares. Isola-se para "curtir a vida", buscar *"relax"*. Pode ser verdade, entretanto pode ser apenas um bom pretexto para usar drogas. Aliás, não é difícil encontrar quem canabise mesmo com os pais em casa. É só tomar cuidado para não ser surpreendido nem aparecer diante deles naquelas duas ou três horas em que está sob os efeitos da maconha.

República de estudantes

É um dos melhores *points* para usar drogas, já que os universitários moram "fora de casa", longe do controle dos pais. Têm o ego insuflado pelo ingresso na faculdade, dinheiro no bolso, e às vezes carro próprio. No auge dos seus hormônios sexuais, muitos buscam viver na adrenalina total e realizar todas as vontades, inclusive a de usar drogas livremente.

Uma vez iniciada a prática, não há por que parar. Sempre aparecem companheiros querendo fumar junto. Quando acaba a de um, outro a "apresenta" (oferece). Não sendo as aulas interessantes e "não tendo mais o que fazer", por que não se divertir um pouco? Qualquer hora é hora de usar drogas, lícitas ou não.

Praias e *campings*

Nada melhor para os canabistas do que curtir a vida ao ar

livre, com liberdade, natureza, longe dos estudos, dos pais e da confusão da cidade grande, com um "pessoalzinho legal". À noite, um luau, reunião com pouca gente, fogueira, violão, bebida, e pode pintar um fuminho – "mó *relax*". Nada de luxo e gasto, somente a descontração e sobrevivência com o essencial.

> Campings, *praias desertas e trilhas são locais também procurados para uso de maconha. Tem gente que só consegue curtir a natureza fumando um baseado.*

Alguns fumam maconha depois de surfar. Se inverterem a ordem das ações, podem cair da prancha, não conseguir ultrapassar a arrebentação, perder a onda, atrapalhar outros surfistas. Mas há os que não se confundem sob o efeito da maconha, mesmo nas manobras mais radicais. A tolerância criada suaviza os prejuízos psicomotores.

Outros gostam de usar quando acampam no estilo "sozinhos com a natureza", em montanhas ou praias. Quanto mais longe da civilização, melhor para curtir a natureza fumando um baseado.

Saem para tomar banho no rio, visitar cachoeiras ou simplesmente caminhar por trilhas silvestres e aproveitam o passeio para "fumar um" (quando não se diz o que fumar, fica subentendido que é um baseado).

Rave e *ecstasy*

É um estilo de festa que geralmente começa à meia-noite

e só termina depois do meio-dia. *Rave* em inglês significa delirar, desvairar; e *raving* quer dizer doido, pirado.

No Brasil, tais festas são promovidas pelas classes abastadas e freqüentadas tanto por *clubbers* com roupas coloridas e extravagantes, corpos espetados por *piercings*, cheios de tatuagens e cabelos pintados de cores berrantes, quanto por pessoas absolutamente sem suspeitas.

Os locais mais freqüentemente escolhidos são sítios afastados da cidade, para se conseguir privacidade ao ar livre, perto de belezas naturais (praias, ilhas, cachoeiras) e com espaço suficiente para receber milhares de convidados.

A divulgação se faz boca a boca. O som tocado é *tecno* e outras vertentes da música eletrônica... E a droga rola solta. *Cada um na sua onda*. Ninguém deve se incomodar com o que acontece com o outro ao seu lado. O clima é de tolerância e cumplicidade com o uso de drogas. Portanto, brigas são raras.

Encontram-se ali maconha, psicoestimulantes ou qualquer outra droga da moda, como o *ecstasy* e energizantes. A bebida preferida é a destilada, para potencializar os efeitos do *ecstasy*.

"Legalize" e "bad trip"

Leia-se "legalaise". Tipo de festa em que a maconha é "legalizada" pelos organizadores. Canabisa quem quiser, sem precisar esconder.

Ao se "liberar" a maconha, rolam também outras drogas, quase sempre na linha dos alucinógenos, conhecidos por alguns usuários como "droga feliz".

Os pais, sem ter a mínima idéia do tipo de festa que se trata e do que se passa nela, cedem à argumentação dos jovens de que fulano vai, sicrano também, e acabam permitindo. Quem garante que andar em turma é estar protegido?

Nos esportes

Onde existem jovens, sempre pode haver maconha – isso não é diferente nos esportes. Algumas modalidades têm maior número de canabistas do que outras, porém atualmente não se pode dizer quais as modalidades esportivas que o canabista procura. Quando se pensava que esportes afastavam os jovens das drogas, isso era parcialmente verdadeiro. O que é inteiramente verdadeiro é que as pessoas sob os efeitos da maconha perdem drasticamente o seu desempenho.

A proposta para que o canabista deixe de sê-lo é a prática de esportes coletivos e competitivos, nos quais ele é obrigado (e cobrado) pelos seus colegas a produzir, a ser eficiente. Ou pára de praticar esse tipo de esporte, ou pára de usar a maconha.

O fato de um filho ser esportista não garante sua imunidade ao vício.

Para que acender um baseado?

Para começar o dia, "melhorar o que está bom", "aumentar a curtição" de fazer algo, curtir um som ou um visual da natureza, por não ter o que fazer, para ajudar a passar um tempo chato ou uma atividade rotineira, para sossegar após ter usado cocaína, para relaxar após qualquer atividade, para marcar a passagem de uma atividade para outra, quando encontram outros canabistas, quando saem para dar um "rolê", quando sabem que não vão ser surpreendidos pelos pais, antes de dormir. Para canabistas obstinados, qualquer hora é hora; qualquer motivo é um bom motivo.

Nem sempre o baseado é fumado até o fim. Quando o canabista sabe que não vai ter condições de ficar "curtindo a viagem", dá somente de três a cinco "tapas" ou "pegas" (tragadas), apaga e guarda o restante para outro momento.

Os companheiros de fumo

Quem usa maconha logo reconhece outro usuário. Quem não a usa – a maioria dos pais, por exemplo – nem desconfia quem sejam os consumidores da droga.

Há os que canabisam sozinhos. São os tão acostumados a fumar (nunca se denominam viciados), que já têm reservas de maconha em casa e um ritmo de uso padronizado. Encontrar outros usuários dá muito trabalho e ainda pode limitar bastante o consumo. O que importa é canabisar, não as companhias.

Há os que fumam somente em grupo. São os esporádicos ou os que fazem o habitual uso social. Não encontram graça em fumar maconha sozinhos.

Tabela para um diagnóstico rápido do uso da maconha

A maconha pode ser usada por *recreação*, *hábito* ou *vício*. Eu criei essa classificação que não segue o determinado pela Organização Mundial da Saúde (OMS), mas tem me facilitado muito um diagnóstico da situação, integrando os conhecimentos psiquiátricos e a prática psicoterápica com a vivência das pessoas que me consultam.

Na tabela temos dezesseis tópicos colocados nas horizontais e avaliados nas três etapas de uso, nas verticais, num total de 48, e explicações sumárias de cada um deles. Em seguida, faço alguns importantes comentários gerais, inclusive a avaliação da gravidade e dos riscos de cada coluna, e sugiro os procedimentos mais adequados.

Um bom diagnóstico é importante porque permite saber em que fase do vício o usuário se encontra e, assim, adotar os procedimentos adequados para obter os melhores resultados.

	Uso recreativo	Hábito	Vício
1	Não compra maconha	Compra	Compra
2	Não guarda em casa	Guarda	Guarda
3	Não sabe preparar	Sabe	Sabe
4	Sempre canabisa em grupo	Em grupo e sozinho	Mais sozinho que em grupo
5	Usa metade de um baseado	Usa inteiro	Usa inteiro

	Uso recreativo	Hábito	Vício
6	Não guarda a bituca	Guarda	Tem "cemitério de pontas"
7	Não possui muitos apetrechos para o uso da maconha	Possui alguns apetrechos	Possui *kit* completo
8	Sem ritmo	Com ritmo	Com ritmo
9	Equivale a "ficar" com a maconha	Equivale a um namoro	Equivale a um casamento
10	Raramente dá filhotes (complicações)	Pode ter filhotes	Tem muitos filhotes
11	Faz apologia da maconha	Fanatismo	Faz parte da sua vida diária
12	Não muda o comportamento	Muda um pouco	Muda bastante
13	Mantém "bons" amigos	Muda as amizades	Muda bastante as amizades
14	Começa a agredir a mãe	Não pode ver a mãe	Isola-se dos pais
15	Usa para "festejar"	Usa para curtir	Nada faz se não usar
16	Controla o uso	Controla parcialmente	Perde o controle

Explicação sumária da tabela

Características do uso recreativo

1 Normalmente a pessoa não compra a maconha.
2 Se não compra, não tem o que guardar.
3 Não tem prática para preparar um baseado. Geralmente recebe um cigarro pronto para dar uma tragada e passá-lo adiante.

4 Geralmente procura fumar junto de alguém mais experiente ou fica em lugares onde já sabe que haverá maconha. Raramente experimenta sozinho, mas isso pode ocorrer.

5 Canabisa menos de um baseado. O "barato" é dar risada de qualquer bobagem, isto é, no quadro da excitação tudo é motivo para "rachar o bico".

6 Não guarda a "ponta", pois nem sabe que é na bituca que fica grande quantidade de tetraidrocanabinol, princípio ativo da maconha (THC), a ponto de o papelzinho que sobra do baseado ficar melado.

7 Ainda não tem apetrechos, pois o uso é esporádico e só fuma quando alguém lhe oferece. É como o "filante" de cigarros no início do tabagismo, que não tem piteira nem isqueiro, tampouco cigarreira. Mas já pode ter colírio, o primeiro a ser empregado para disfarçar o uso, porque bastam algumas gotas para desaparecer a vermelhidão dos olhos.

8 Ritmo não é freqüência. Mesmo que se use uma vez por ano, sempre no carnaval, por alguns anos ou se dê uma fumada por mês durante vários meses ou ainda toda vez que se encontra um companheiro, já há um ritmo.

9 Se comparado o relacionamento do usuário com a droga, existe uma evolução, que começa pela paquera (interesse por tudo o que se refere a ela, droga), passa pela "ficada" (quando se experimenta pela primeira vez), pelo "rolo" (quando se repetem as "ficadas"), pelo namoro (quando se confirma um relacionamento mais estável) e chega ao casamento (quando ficam juntos até o divórcio ou até que "a morte os separe").

10 Se houver relação sexual numa "ficada", existem possibilidades de gravidez e contágio por doenças venéreas. Assim também numa "experimentada", apesar de raros, podem ocorrer acidentes secundários.

11 Uma das maneiras de alardear que já se "ficou" com a maconha é fazer sua apologia.

12 Mesmo se a "ficada" for o marco inicial do uso da maconha, não costuma acarretar mudanças comportamentais fora do período de ação química, que dura, em geral, de uma a três horas. O que se provoca, isso, sim, é uma mudança psicológica muito grande em favor do uso.

13 Apesar da "ficada", ainda se consegue manter amizade com pessoas que não usam maconha, pois o novato não se considera um usuário.

14 Mas já começa a agredir a mãe, principalmente quando crê que esteja desconfiada "de alguma coisa", pois ela começa a perguntar e a mexer em suas coisas.

15 O uso recreativo tem a característica fundamental de aumentar o prazer daquilo que já está bom. Por isso fuma-se em pequena quantidade, fora de casa, dando-se de três a cinco "pegas" (tragadas) somente para ficar mais eufórico, mais "para fora" do que recolhido, gargalhando por qualquer motivo.

16 Uma pessoa pode decidir, nessas condições, se experimenta ou não a maconha. Entretanto, ninguém consegue controlar os efeitos químicos que ela provoca. O que se pode é tentar controlar os sintomas provocados por ela.

Características do hábito

1 Já se consagra a qualidade de uso por hábito quando o jovem compra a maconha para o próprio uso. Compra para não precisar "correr atrás" cada vez que quiser canabisar.

2 Quem compra guarda. No começo com muito cuidado e em lugares inimagináveis, como dentro da caixinha da tomada de luz, dentro da caixa de som, no gabinete do computador. Depois que o hábito cresce, o jovem já não se preocupa tanto e guarda a maconha sem tantos cuidados. Quando os pais "acham" a maconha, a maioria dos jovens diz que não é sua, mas de um amigo que não vai "dedurar". Alguns chegam a dizer que não sabem o que é "aquilo" nem quem o guardou ali.

3 Já sabe preparar, primeiro "dichava", depois enrola em papel de seda, "pila" e cola ("aperta"). Isso lhe dá autonomia para canabisar.

4 Agora já canabisa sozinho, independentemente do grupo mas também com ele. Começa a se ligar bastante à maconha.

5 Canabisa um baseado inteiro sozinho para chegar a um estado físico letárgico – a viagem. No começo, o efeito dura de duas a três horas, mas com o uso esse tempo vai ficando cada vez menor.

6 Guarda as "pontas" para depois fazer um especial, somente com as bitucas, com alto nível de THC, para ocasiões também especiais.

7 Os apetrechos mais comuns são: piteira ou "marica", "dichavador", "pilador", isqueiro, colírio, neutraliza-

dor de odor em aerossol, ventilador, incenso, papel de seda, estojos e caixinhas.

8 Estabelece um ritmo de uso, pois aumenta a freqüência de consumo. É bastante comum canabisar em casa, em lugar bem ventilado, como janelas, terraços, áreas de serviço, em horários nos quais o pai e a mãe estejam fora, num período de privacidade (para estudo, por exemplo), ou quando vai a baladas e se encontra antes com amigos para canabisar no carro, nas ruas e em locais de pouca iluminação e pequena circulação de pessoas.

9 Já é um namoro, pois se prepara para canabisar e trata a maconha com muito carinho, quase como uma namorada. Quando o hábito é muito forte, pode tratar melhor a maconha que a própria namorada.

10 Sua vida já começa a se complicar, pois perde muito tempo canabisando. A qualidade dos relacionamentos cai bastante em razão de os valores (ética, disciplina, religiosidade etc.) estarem em queda. Pode diminuir o rendimento escolar.

11 Como os "filhotes" (complicações) ainda não são evidentes e o usuário vive sua onipotência juvenil, acha que tem controle absoluto sobre a maconha ("fumo porque quero, paro quando quiser", "não sou viciado, portanto maconha não vicia" etc.). Então surgem a defesa fanática e a luta pela legalização do uso da droga, já que ele, partindo da própria experiência, acredita que ninguém ficará viciado.

12 Já sente a onipotência provocada pela maconha. Já usa adereços *canábicos* (camisetas, brincos, tatuagens com a folha da *canabis* ou referentes a ela). É nessa fase que os pais acabam descobrindo o consumo, pois o rendimento escolar cai, o filho não consegue acordar em tempo e perde as primeiras aulas da manhã. Começa a abandonar o que vinha fazendo: inglês, computação, esportes etc.

13 Não se interessa por sair nem conviver com pessoas que não canabisem e não ouve mais conselhos de ninguém, muito menos dos próprios pais.

14 A simples presença da mãe já o irrita. Esta, não suportando mais a situação, pode tentar abraçar ou tocar o filho, que revida com violência, chegando a agredi-la fisicamente. Já perde o respeito também pelo pai.

15 Os usuários habituais costumam encontrar-se somente para canabisar e "jogar conversa fora". As festas, as baladas e os estudos ficam em segundo plano. Canabisam em casa, em seu quarto, quando sozinhos. Em turma, canabisam na casa de um dos outros habituais cujos pais estejam fora.

16 Quando sozinho, o habitual tem maior possibilidade de controlar o uso da maconha. Torna-se mais difícil esse controle quando está em grupo. É comum o habitual sair de casa disposto a não canabisar, mas é impossível manter essa decisão no grupo, principalmente quando se consome bebida alcoólica, ainda que apenas cerveja.

Características do vício:

1 O viciado compra maconha em quantidade maior, prensada e medida em forma de tijolos, muitas vezes

diretamente do traficante, o que aumenta sua situação de risco, porque precisa freqüentar os pontos-de-venda de drogas.

2 Não se preocupa tanto em escondê-la. Sua maconha pode ser encontrada com facilidade e, não raro, conservada no *freezer* da casa.

3 Sofistica o uso com grande habilidade tanto para preparar quanto para canabisar. Em qualquer folguinha é possível que ele canabise.

4 Canabisa na maioria das vezes sozinho e ainda dá uns "pegas" no baseado aceso de quem estiver por perto.

5 Chega a fumar entre oito e doze baseados por dia. A tolerância faz com que o viciado não sinta os mesmos efeitos que experimentava quando ainda canabisava pouco. Não chega a ficar "chapado". Tudo indica que o cérebro se acostuma a funcionar com alto nível de THC no sangue. Atendi pais que não imaginavam que o filho canabisava tanto, apenas percebiam que o filho estava bem mais lento, distraído demais e altamente irritadiço.

6 Há viciados que não desperdiçam nada e outros que, por ter muita maconha e sem disposição para guardar as "pontas", tornam-se esbanjadores.

7 Conhece praticamente todos os meios de usar a maconha. Pode montar um narguilé (espécie de cachimbo, no qual a fumaça passa primeiro por um líquido antes de chegar à boca) com latinhas, vasilhames, canetas e canudos de plástico. Mas a prática preferida é a que dá menos trabalho.

8 Para o viciado, qualquer hora é hora de canabisar. Para

estabelecer ritmo é preciso que haja um intervalo, até que o efeito passe, antes de canabisar outra vez.

9   O viciado fica tão comprometido com a droga quanto se estivesse preso num mau casamento do qual não consegue desvencilhar-se. Ela está presente em todos os momentos de sua vida, principalmente quando o jovem não estuda nem trabalha. Nessa relação não existe amor, existe, sim, uma dependência tão grande que sem a droga ele nada faz.

10 São muitos os "filhotes" desse relacionamento destrutivo: perda de interesse no estudo, no trabalho, nas relações sexuais, no empenho em qualquer atividade que exija esforço; perda de concentração e de memória; perda do pragmatismo útil (capacidade de realização); diminuição da capacidade de amar, de se cuidar, de enfrentar situações adversas ou frustrantes; aumento da irritabilidade, da instabilidade e da agressividade; e aumento do isolamento social e doméstico. Raramente o viciado rouba, pois a maconha é barata. Em quantidades maiores, chega a custar menos de um real por grama. Com um grama se faz uma "tora" (ou "bucha", que é um baseado grande) ou dois "fininhos". Quando começa a sumir dinheiro de casa, geralmente isso se deve ao consumo de outras drogas.

11 O viciado já não se interessa pela defesa ardorosa do uso da maconha. Simplesmente a consome sem questionar o que está fazendo, sem vontade e sem pensar, porque usa obrigado pela síndrome de abstinência. Reduz suas aspirações de vida ao mínimo indispensável.

12 O viciado muda bastante o seu comportamento, assim como sua existência. Ele perde as características pessoais e passa a ter um "jeito" comum que a maconha provoca: desmazelo com suas coisas, negligência com o corpo, descaso com os relacionamentos, inércia na maior parte do tempo. Sua relação com a família é apenas conflito: muita gritaria e confusão, ameaças, descumprimento das promessas e pouquíssimos resultados práticos.

13 Seus melhores amigos são agora os companheiros de consumo. Estes se interessam somente pelo viciado e desconsideram os familiares a ponto de invadir-lhes a casa sem convite e sem ao menos cumprimentá-los. Seus telefonemas são curtos e, quando outros familiares atendem, interrompem a ligação.

14 O comportamento do viciado piora tanto que passa a agredir também o pai, além da mãe. Não tolera a interferência de ninguém em sua vida. Simplesmente deixa de pedir as coisas aos pais – passa a exigi-las. Ameaça fugir de casa se não o deixarem em paz, isto é, canabisar em paz.

15 Como um tabagista crônico que nada de especial sente ao fumar, mas fuma assim que acorda, quando entra no carro, quando toma um cafezinho, o viciado em maconha também não faz altas viagens nem muda muito de humor, mas mantém o nível de THC no sangue de modo a ficar "sossegado". Ele associa o consumo da droga às atividades básicas do dia-a-dia. O cérebro se acostuma a funcionar nessas condições em atividades básicas e automáticas que não exijam esforço, memória, concentração nem carga afetiva.

16 O viciado é controlado pela maconha, isto é, a maconha ocupa o primeiro lugar em seus pensamentos, pois a todo momento procura brechas em suas atividades para canabisar. É como uma pessoa que tem seu código de valores alterado pelo excesso de fome: não pensa em outra coisa. Ele atingiu o ponto máximo – é escravo da maconha.

Comentários gerais (envolvendo a gravidade e os riscos de cada etapa e os respectivos procedimentos de ajuda terapêutica)

Um usuário pode ser recreativo na maioria dos aspectos e apresentar outros similares aos do habitual, assim como o habitual pode ter alguns traços do viciado. O mais difícil é encontrar aspectos do recreativo semelhantes aos do viciado.

Alguns traços são mais qualificativos que outros: comprar ou canabisar um baseado inteiro é mais importante que saber ou não preparar o cigarro e ter ou não apetrechos. Optei mais pela quantidade dos traços encontrados do que pela relatividade da importância de cada um.

Não há limites nítidos entre as colunas verticais. A passagem entre elas não é perceptível ao usuário. Quando ele se dá conta, já pode estar na coluna seguinte.

A maioria dos usuários tende a se classificar na coluna anterior àquela em que se encontra, já os pais tendem a ver o usuário com maior rigor.

Para chegar ao vício, passa-se pelo hábito, que por sua vez começa pelo recreativo. O canabista pode parar no

recreativo ou prosseguir para o hábito. Pode parar no hábito ou prosseguir para o vício.
A maioria dos usuários chega até o hábito. Todos os viciados um dia experimentaram, mas nem todos os que experimentaram chegaram ao vício.
A maioria quase absoluta dos viciados precisa de ajuda terapêutica.
A maioria dos que têm o hábito julga que pode parar sozinha. Talvez, mas é preciso que tenham o conhecimento de que tentar parar não é o mesmo que se propor de fato a parar. Muitos tentam parar por determinado prazo para provar que podem deixar o vício quando quiserem. Quando o habitual se propõe a provar que não é viciado, isso ocorre porque intimamente ele suspeita que esteja viciado, mesmo que não o admita. O habitual geralmente precisa de ajuda terapêutica, pois aumenta cada vez mais seu risco de caminhar para o vício.
Nem todos os que experimentam precisam de tratamento, mas é preciso ficar claro que sua vulnerabilidade a outras drogas aumentou.
O uso recreativo é a etapa mais fácil de superar.
Mesmo que o usuário esteja na fase recreativa, já pertence a uma população de risco. Ele geralmente não percebe quando começa a adquirir o hábito.
Um bom indicador da ligação com a maconha é o usuário ficar com pena de jogá-la fora. Quando ele considera um desperdício jogar maconha no vaso sanitário e puxar a descarga é porque ainda está preso a ela e, se a valoriza, isso significa que pode voltar a consumi-la.

Manter-se no nível recreativo sem deixar de vez a droga significa que alguma coisa não vai bem, uma vez que o usuário não se satisfaz com os prazeres naturais que a vida oferece. Não é normal precisar da maconha para se divertir.

8 Condomínio: paraíso das drogas

Apesar de oferecer segurança e qualidade de vida, os condomínios não estão livres das drogas. É preciso defendê-los, já que os jovens canabisam com maior tranqüilidade e segurança, sem se preocupar em ser pegos. Buscam os locais de menor movimento do edifício ou do condomínio horizontal nos horários em que "é impossível" alguém passar. Fumam geralmente na companhia dos amigos com os quais andam sempre.

Numa sexta-feira, assim que os pais saíram para viajar, um filho adolescente resolveu dar uma festa de última hora em casa, situada num elegante condomínio residencial. Acionou a "tchurma" usuária. Em pouco tempo, jovens de diferentes locais começaram a chegar à portaria. Barrados ali, suas entradas eram sempre autorizadas pelo interfone. Até que o porteiro, assustado com a estranha movimentação, resolveu avisar o síndico. Já tinham passado por ali mais de cem jovens estranhos ao condomínio. O síndico, acionado, contatou os pais, que proibiram a festa.

Histórias como essa não são exceção. Os condomínios têm enfrentado problemas sérios causados por jovens moradores, principalmente na ausência de seus pais.

Vantagens dos condomínios

O ser humano sempre gostou de viver em grupo. Mas a tendência mundial de morar em condomínios deve-se sobretudo ao fato de as cidades tornaram-se selvas com perigos a cada esquina. Temos hoje os urbícolas, citadinos que nunca saíram das grandes cidades. Unem-se para se proteger, fecham ruas sem saída para uso exclusivo dos moradores, colocam um portão e rateiam os custos. É seguro porque os casais podem criar os filhos mais soltos, os riscos de assaltos diminuem. Assim o condomínio realizou o sonho de as crianças voltarem a brincar na rua sem estar confinadas em casas protegidas por grades ou trancafiadas em apartamentos. É prático porque os moradores podem viajar sem se preocupar em deixar alguém zelando pela casa.

Dentro dos condomínios, as crianças usam as áreas públicas como se fossem um grande quintal da casa, e os adolescentes formam suas turmas ali mesmo para maior conforto e qualidade de vida dos seus pais.

Os principais problemas

Quem leva a droga para dentro dos portões dos edifícios e condomínios é gente conhecida dos moradores, amigo ou membro da turma. Os moradores viram presa fácil. Por suas próprias características, o condomínio oferece facilidade para conseguir, esconder e usar drogas sem conseqüências.

A segurança dos condomínios teoricamente protege contra os bandidos de fora, mas pode favorecer o tráfico interno e uso da droga por falta de controle, pelo fato de adolescentes não a respeitarem e pelo abuso da confiança que os pais depositam nos seus filhos.

Protegidos pelas leis do condomínio, os usuários escapam às leis sociais, pois a polícia fica do lado de fora. Assim, o condomínio vira o paraíso das drogas, pois:

1 há proteção contra os "bandidos" de fora, mas não contra os moradores usuários, que passam a ter comportamentos delinqüentes, como roubar os próprios vizinhos;
2 há falta do que fazer, e os adolescentes acabam aprontando. Assim, todo o condomínio ou complexo de edifícios funciona como o quintal da casa do jovem;
3 os moradores confiam demasiadamente em seus filhos etc.

Como a droga entra em cena

Os pais, querendo dar o melhor para os filhos, acabam sendo hiperprovedores e hiperprotetores, tornando-se tolerantes com o que eles fazem durante sua ausência – já que saem cedo para trabalhar e ficam o dia inteiro fora. Na ausência deles, a casa pode virar *point* de uso de drogas. Outros locais de consumo de drogas são a quadra esportiva e a praça onde as crianças brincam de dia e os adolescentes se encontram à noite. Esses rapazes e moças foram educados para fazer tudo o que quiserem, tudo em nome do prazer. E nada oferece prazer tão gratuito, sedutor, traiçoeiro e viciante quanto as drogas.

Gratuito, porque esse prazer não requer o mínimo esforço. O usuário não precisa arcar com os custos nem quando surgirem problemas. Seus pais resolvem.

Sedutor, porque certos meios de comunicação vendem a idéia de prazer, *status* e poder associada ao uso do álcool e do cigarro. Os jovens, depois dessas drogas, podem buscar a maconha.

Traiçoeiro, porque prometem prazer ao usuário, mas viciam, portanto, traem seus usuários, e fazem estes traírem seus pais.

Viciante, porque aciona o circuito da recompensa no cérebro, que faz o jovem repetir a experiência com cada vez mais freqüência e maior quantidade.

Moradores típicos e suas reações

É possível identificar três tipos diferenciados de condômino:

Parasita: Sua característica principal é fazer o mínimo para usufruir o máximo. Às vezes, nem chega a pagar a taxa mensal. Aproveita-se dos funcionários e dos vizinhos.

Amorfo: Participa pagando, porém não vai às assembléias. Não faz mal a ninguém, só não quer ser incomodado.

Cidadão condominial: Preocupa-se com o condomínio e com a comunidade, não só com a própria família. Participa de assembléias e, não raro, ocupa o cargo de síndico.

No convívio com a droga, cada um desses três tipos se comporta de modo diferente.

1. As famílias parasitas transgridem as regras do condomínio, fazem festas em horários não permitidos, estacionam o carro onde lhes aprouver e desrespeitam as áreas comuns. Seus filhos são muito parecidos. Não só aprendem com os pais como aprimoram a delinqüência e partem para as drogas.

2. A reação dos amorfos é tirar o filho de circulação: droga é responsabilidade das más companhias. É como se fossem o geocentro do sistema solar. O que importa são eles e sua família, cada um centrado no próprio umbigo. Não se incomodam com a comunidade.

3. Os que mais se preocupam são os cidadãos condominiais. Querem preservar o ambiente livre das drogas.

Tentam fazer reuniões chamando os demais condôminos, porém dificilmente conseguem um quórum significativo, até porque os amorfos e os parasitas acabam sabotando suas iniciativas.

Um esquema clandestino: míni e microtraficantes

É comum que os condomínios horizontais e verticais tenham um clube para seus moradores. Dentro dele, pode haver o *tráfico capilar*, que é o pequeno tráfico, num sistema semelhante ao da escola, composto de microtraficantes. Por esse sistema, é possível facilmente conseguir drogas sem que os pais percebam. Quando não têm dinheiro, alguns jovens assinam vales nos restaurantes e lanchonetes, como se fossem refeições. Mas, em vez disso, pegam o dinheiro equivalente ao almoço e o gastam com drogas.

Por isso, quanto mais displicentes em relação aos gastos dos filhos os pais forem, mais os filhos podem se valer desse expediente – inclusive envolvendo funcionários, que ficam satisfeitos com a boa gorjeta que recebem como suborno. Há certa permissividade para usar drogas no clube, sobretudo quando os pais não o freqüentam.

É, portanto, um grande engano supor que dentro do clube ou do condomínio o filho esteja fora do alcance dos traficantes.

O *minitraficante* é a extensão doméstica do traficante. Pode ser um filho, um amigo, um filho de um funcionário de confiança. Seu patrão é o traficante. O *microtraficante*, que geralmente também é usuário, recolhe dinheiro dos seus amigos para comprar a droga de um traficante. Seus patrões são os seus colegas de uso. Geralmente ele fica com parte da droga comprada para consumo próprio ou para vender a terceiros.

Os pais devem ficar atentos aos telefonemas de "negócio", que são curtos o suficiente para fechar uma compra ou venda de droga. A internet também pode ser usada com essa finalidade.

Superando os problemas

A saída pela qual os pais e responsáveis podem optar está na realização de um trabalho de prevenção no condomínio. Como os pais de um só adolescente não podem (nem devem) arcar com todos os problemas, *os pais do condomínio* têm de unir esforços para controlar o grupo como um todo, formando a educação do tipo sistema de rede relacional.

É a *Prevenção pelo Sistema de Rede*. É uma rede de relacionamentos formada por adultos, condôminos ou não, preocupados com a prevenção ao uso de drogas. Os jovens usam esse sistema entre si, mas com finalidade oposta, a de usar drogas. Ou seja, o peixe (usuário) escapa da rede de pesca (relacionamentos com os pais) por onde a malha está furada (os condôminos parasitas e amorfos ou qualquer adulto que faz concessões).

Reunidos para discutir o problema das drogas, os pais não devem buscar culpados nem identificar os usuários. Se a droga existe, é preciso a colaboração de todos para vencê-la. Não há bandidos nem mocinhos, viciados nem vítimas. Todos pertencem à rede. Quando o condomínio estiver bem, cada morador será beneficiado.

Em tempos de globalização, não adianta cuidar somente da própria família. É quase impossível trocar a rede de relações do filho. Temos, portanto, de trabalhar em rede também a turma dele.

Não cabe ao condomínio tratar do usuário de drogas. Essa tarefa é dos pais ou responsáveis. Mas ele pode investir na prevenção, que é mais fácil, eficiente e barata. Proteger o condomínio das drogas é a melhor forma de defender as crianças e adolescentes que ali moram.

Sugestão de trabalho

Como sou freqüentemente procurado para atender condomínios onde há problemas causados por usuários de drogas, elaborei um roteiro básico que pode servir de sugestão aos interessados.

Prevenção e combate

Primeira etapa: capacitação dos pais e interessados. Reunião com todos os pais ou responsáveis pelas crianças e jovens com a finalidade de estabelecer os pontos fundamentais a trabalhar (focalizar os problemas). Em duas horas, um profissional de reconhecida capacidade técnico-científica pode explicar os principais pontos necessários à capacitação dos pais. Deverá haver indicação de leituras apropriadas para complementação dessa reunião.

Segunda etapa: capacitação dos filhos. Reunião com todos os púberes e adolescentes, e até crianças, se necessário. Papo aberto sobre tudo o que eles quiserem saber sobre drogas.

Etapas complementares: conforme as necessidades ou dificuldades que surgirem na execução do programa, novas reuniões poderão ser convocadas com o profissional.

Filosofia do programa
- Não buscar culpados nem identificar usuários. Se a droga existe é preciso a colaboração de todos, usuários ou não, para combatê-la.
- Os moradores ausentes serão identificados e procurados pelos seus vizinhos ou pelas pessoas que tiverem melhor relacionamento com eles. O objetivo é transmitir a eles tudo o que foi conversado na reunião.
- Com a evolução do programa, não havendo mais como tapar os olhos diante das evidências, os usuários provavelmente serão identificados, apesar de a identificação não ser o objetivo principal do programa. Há situações em que os usuários ocasionais, mesmo sem ser identificados, não querem mais usar a droga.
- O objetivo final do trabalho é que cada envolvido com a droga (viciados ou não) busque o caminho de não mais usá-la.
- Cabe a cada condômino, não ao condomínio, encaminhar seu filho usuário para tratamento.

- O condomínio tem o direito de barrar a entrada de míni ou microtraficantes. Em casos de tráfico mais pesado, pode ser solicitada a ajuda de investigadores, pertencentes ou não à polícia.

As drogas não dão trégua

O problema das drogas não dá trégua a ninguém; portanto, mesmo que atingidos os objetivos do programa, ele não deve ser simplesmente abandonado. Os moradores precisam estar sempre atentos e reunir-se cada vez que for necessário. Como a droga não escolhe a quem atingir, é importante a participação de todos os condôminos. É quando os filhos ainda não se interessam pelas drogas que o programa oferece melhores resultados. Ganhar uma batalha não significa ganhar a guerra, principalmente quando se trata de drogas, cujo consumo tem aumentado apesar de tudo o que se tem feito[24].

---

[24] Por essa razão, o Programa Integração Relacional de Prevenção e Combate às Drogas está baseado em recursos psicológicos e relacionais, conforme a Teoria Integração Relacional. Para as situações que necessitarem do uso de medicamentosos ou internações serão recomendados profissionais e hospitais afinados com esse programa.

9 Os desafios para a escola

A escola na ausência dos pais

Uma horinha pela manhã, outras à noite. Hoje em dia, filhos convivem pouco com os pais. Se considerarmos que aos 2 anos de idade em média as crianças já estão de mochilinha nas costas, indo para a escola, conclui-se que os filhos passam o maior tempo de sua vida entre amigos e professores.

Os filhos menores acabam adotando costumes dos seus coleguinhas de classe, os adolescentes, da sua turma. É a influência dos pares, não mais dos pais, agindo nos filhos.

Uma das maiores preocupações das escolas quanto aos males evitáveis que podem prejudicar os alunos é com as drogas. Os bons educadores têm meios de contribuir não só na prevenção do problema mas também em sua *detecção precoce*.

Ao longo dos anos, cada aluno é acompanhado por sua ficha, que contém histórico escolar, registros sobre desempenho nas matérias, comportamento pessoal e características peculiares a respeito da maneira como se relaciona com os demais.

Por meio dessas fichas, montadas com observações de todos os professores e do orientador pedagógico, é possível traçar o perfil psicológico-relacional do aluno. Qualquer problema pode ser facilmente identificado na escola, tendo como referência as anotações de anos anteriores e as comparações entre alunos da mesma faixa etária. A escola dispõe de muitas informações para avaliar se um aluno é diferente da média.

Quando o assunto são as drogas, antes de começar a se desorganizar e a cair seu rendimento escolar, o aluno modifica seu comportamento. E a escola logo sente essa mudança. Os pais nem sempre estão atentos a essa possibilidade, pois, como observadores envolvidos, ficam anestesiados para pequenas mudanças do dia-a-dia. Assim, uma vez notada qualquer alteração, é dever da escola informar os pais o quanto antes, porque a droga é uma pandemia que não respeita famílias, escolas nem a sociedade.

A escola tem importância na formação dos alunos porque está fazendo uma educação complementar à da família. É uma espécie de estágio de vida intermediário entre a família e a sociedade. Não existe só para transmitir conteúdos mas também para formar cidadãos.

Devido à embriaguez relacional[25], o aluno se permite fazer na escola coisas que normalmente não faria em casa, diante dos pais. Diferenças muito acentuadas de comportamento entre os ambientes freqüentados indicam problemas. Como a droga compromete a pessoa, na escola ela pode se vangloriar do uso perante os colegas, e em casa esconder até do cachorro. O fato é que muitos problemas com drogas estouram mesmo é na escola. Os educadores devem se preparar para lidar com eles.

A embriaguez relacional dos adolescentes é percebida mais facilmente pela escola do que pelos próprios pais.

A seguir, cito algumas situações comuns que envolvem drogas e adolescentes para ajudar as escolas a encarar esse desafio.

Tem boato correndo

Está havendo um diz-que-diz. Alunos, professores ou funcionários comentam que determinado aluno está usando drogas. Em primeiro lugar, é preciso tomar o cuidado sugerido pelas antigas leis romanas: *In dubio pro réu* (Em caso de dúvida, a favor do réu), pois acusar sem provas é altamente contraproducente.

[25] Segundo a Teoria Integração Relacional, a embriaguez relacional é um fenômeno cooperativo que acontece quando várias pessoas reunidas praticam atos que sozinhas não praticariam. Um exemplo, que a sociedade não esqueceu, ocorreu em Brasília, quando jovens atearam fogo a um índio. Fato apavorante que ficou conhecido com o caso do índio Galdino.

A onda de boatos é um aviso para a escola acompanhar o estudante-alvo. Primeiro, olhar sua ficha escolar e verificar se é um novo aluno ou não. Se for aluno antigo, é fácil apurar. Se for recém-chegado à escola, fica mais trabalhoso conhecer seus antecedentes, pois a escola não tem seu histórico pessoal. O passo seguinte é levantar o máximo de informações a respeito do aluno. O trabalho assemelha-se ao de um detetive. Uma pessoa de absoluta confiança deve acompanhá-lo de perto, se possível sem que o aluno perceba. Se ele usou o banheiro, a pessoa entra imediatamente depois no recinto à procura de vestígios comprometedores. Os professores, por sua vez, devem ficar atentos ao seu comportamento na aula.

Em geral, as escolas têm muito pudor de fazer isso. Mais antiético é não tomar cuidado nenhum, sabendo que o estudante pode estar usando drogas. Deve-se pensar na seriedade dos prejuízos causados pela droga. Mas o pior para a escola é ser conhecida como permissiva ao uso de drogas dentro dela. Caso o *zunzunzum* seja confirmado ou as suspeitas continuem, é hora de comunicar os fatos aos pais. Pelo princípio da Educação a Seis Mãos[26], pai, mãe e escola devem trabalhar juntos na formação da criança e do adolescente.

Como avisar os pais?

Os pais ou responsáveis devem ser chamados na escola. É importante que a hora combinada seja conveniente ao pai

---

[26] Esse princípio, da Teoria Integração Relacional, pode ser compreendido em meus livros *Adolescentes: Quem ama, educa!* e *Ensinar aprendendo: novos paradigmas na educação*, ambos da Integrare Editora.

e à mãe. Nem sempre o horário de trabalho do educador é o mais adequado, pois talvez coincida com a impossibilidade dos pais. Se o pai está impossibilitado de ir até a escola, isso não pode ser entendido pelos educadores como falta de interesse pelo filho.

Nessa ocasião, é fundamental que o educador destacado tenha a sensibilidade de perceber se mãe ou pai estão preparados para a notícia a ser dada. Em caso negativo, a informação armará defesas e contra-ataques em vez de mobilizá-los para a ajuda. É assim que naturalmente se protege uma pessoa que estava na escuridão e de repente se vê inundada por muita luz.

Uma forma de introduzir o assunto é perguntar aos pais se o filho tem apresentado em casa alguma alteração de comportamento. Caso respondam com evasivas ou não se interessem pelo motivo da pesquisa, é porque estão totalmente despreparados. A escola tem que justificar sua convocação. Uma saída é dizer apenas: "Para avaliar melhor as mudanças que temos percebido em seu filho". Ainda não é hora de tocar no assunto droga. O importante é os pais saberem que o filho está apresentando problemas cuja origem tem de ser identificada, e nisso a família deverá empenhar-se tanto quanto a escola.

O objetivo da conversa com os pais não é responsabilizar a família para a escola livrar-se do problema. É para juntos encontrarem meios de ajudar o adolescente em apuros.

Mesmo que haja confirmação do uso, e os pais pareçam maduros para ouvir a notícia, é aconselhável agir com cautela. Alertar primeiro para o boato, sugerir que prestem mais atenção ao filho.

O aluno pego em flagrante

Se encontrarem o estudante portando droga, usando nas dependências da escola ou sob o efeito dela, os pais precisam ser chamados com urgência. Quando ele fuma maconha no colégio é porque já usa em casa e na rua, portanto a situação é grave.

Caso esteja "chapado", o aluno deve ser mantido numa sala com o orientador até a chegada dos responsáveis. Enquanto isso, os educadores devem interrogá-lo para levantar toda a história: saber desde quando usa, qual o tipo de droga etc. Surpreendido, o jovem fica fragilizado e pode falar mais. É provável que o usuário minta, minimize o uso, banalize as conseqüências, diga que tem controle sobre a droga, que todo mundo fuma e só a diretoria não sabe, que pára quando quiser, promete não usar mais etc. Alguns chegam a pedir o voto de confiança da escola e a implorar para que não contem aos pais.

Se a escola aceitar, será conivente com o uso da droga. Os educadores devem estar cientes de que o usuário de droga promete cumprir o que lhe for pedido mais para aplacá-los do que para atendê-los. Se entrarem no jogo, o aluno perde o respeito pela escola, e esta, a grande oportunidade de ajudá-lo a largar a droga. Independentemente do que o estudante disser, a escola deve chamar os responsáveis para dar o tom da gravidade do assunto.

Expulsá-lo não resolve o problema; pelo contrário, agrava-o. A escola se vê teoricamente livre do aluno, mas nada impede que ele volte a visitar os ex-colegas. O que é pior: a escola perde a chance de ensinar seus alunos a lidar com amigos e colegas usuários de drogas. Infelizmente, quando se expulsa um aluno por uso de drogas isso não é mencionado em sua ficha. A nova escola o recebe sem o mínimo preparo para ajudá-lo, e o aluno logo descobre os usuários no novo ambiente. É compreensível que a escola não estigmatize o aluno como usuário. Mas um usuário pode se aproveitar dessa gentil poupança e, protegido pelo anonimato, pode continuar fazendo estragos à própria saúde, envolver cada vez mais pessoas no seu vício e aumentar o prejuízo familiar e social.

E se o aluno chega drogado à aula?

Quando o aluno chega à aula sob o efeito de álcool, maconha, cola de sapateiro, benzina ou medicamentos psicotrópicos, é porque já perdeu o controle do uso há muito tempo. Dificilmente a alteração escapa ao professor. Na memória e nas fichas escolares, ele traz guardado o funcionamento regular de cada aluno. Não faz parte de seu papel em sala de aula averiguar a razão do uso.

O estado alterado impossibilita a participação na aula, portanto o aluno deve ser encaminhado da classe para os canais competentes (diretor, coordenador, orientador). É o primeiro passo que o professor deve dar. A escola, por sua vez, tem de levar o fato ao conhecimento dos responsáveis para que estes possam encaminhar o aluno para tratamento psicológico.

O que *não* se deve dizer à família

De modo geral, a técnica de abordagem dos pais é a mesma adotada no caso de suspeita. Primeiro sondar o que eles sabem, mencionar a mudança de comportamento e só por último ir ao ponto: uso de drogas. Não dá bons resultados contar de chofre aos pais que seu filho está usando drogas. Surpresos, os pais podem ficar violentos contra a escola e/ou contra o filho, nem questioná-los, obrigando-os a se defenderem. O objetivo da reunião é obter cooperação e parceria dos pais. Nem que sejam necessárias várias reuniões para se resolver o assunto. Na impossibilidade de os pais (mesmo que seja somente um deles) irem à escola no dia do flagrante, porque não foram localizados, deverá ser marcada uma reunião o mais rápido possível, com o conhecimento do aluno. Mas antes deve-se tomar o cuidado de coletar testemunhas para que depois o aluno não argumente que está sendo perseguido, injustiçado etc. No final da reunião, os pais têm de assumir o compromisso de tomar providências, encaminhando o filho para tratamento especializado. Combate-se a droga de frente; só o amor dos pais, infelizmente, não resolve.

Caso os pais duvidem

Como mostra a síndrome dos anjos caídos, da qual falo no Capítulo 2 desta obra, não é raro a família duvidar da escola e argumentar que seu filho não mente. Esses pais usam esse argumento para fugir da realidade tão temida: "Meu filho está usando drogas"; e eles provavelmente desconhecem que a mentira é a primeira mudança de comportamento de um usuário de drogas. A segunda, defender seu uso. Assim como o casal defende o filho, o filho defende o uso da maconha.

Os filhos podem mentir não só para se safar da situação mas também como uma tentativa de aniquilar o inimigo, isto é, todos os que forem contra seu hábito de usar maconha. Os professores têm como contribuir acompanhando o comportamento do aluno em classe quanto ao relacionamento com os colegas e com eles, a sua participação em sala de aula (desatento, dormindo, chegando tarde, saindo cedo, excitado, apagado), sua aparência física (relaxado, sem banho), suas roupas (descuidadas, sujas) etc.

Se os responsáveis não comparecem

Os pais devem ser intimados a ir à escola por telefone, carta, e-mail ou mensagem em agenda escolar. Convém documentar as convocações e só em último caso incluir o aviso: "Em caso de não comparecimento, tomaremos medidas drásticas quanto à matrícula do seu filho nesta escola". A hipótese de expulsão fica implícita. Se ainda assim faltarem à reunião, só restará a opção drástica, a expulsão.

Diante da silenciosa conivência dos pais, o aluno usuário se sentirá reforçado na transgressão a qualquer norma escolar.

Porém, é preciso ter certeza se os pais não querem ou se realmente não podem comparecer à reunião. Cabe à escola encontrar um horário favorável aos pais. Isso revela disposição em trabalhar a situação do filho deles.

Às vezes, pode acontecer a real impossibilidade da presença dos pais, e então é preciso compor o trabalho com quem se responsabilize pelo aluno, como o parente mais próximo.

Quando os pais pensam diferente da maioria

Alguns pais sabem do uso da maconha e concordam com isso: "Fumar é um direito do meu filho". Em geral, eles também são ou foram usuários. Nesse caso, os princípios da família divergem das normas escolares. Tem de haver coerência, constância e conseqüência na Educação a Seis Mãos. Portanto, esse aluno não é indicado para essa escola.[27]

Por outro lado, dificilmente a família achará uma escola conivente com o uso da maconha, pois o uso da droga vai contra os princípios educativos básicos, contra a saúde social. Quem usa não pratica cidadania, uma vez que desperdiça suas potencialidades. Faz mal a si mesmo e pode prejudicar os outros, mesmo que a droga escolhida seja a maconha. O que pesa não é o fato de a maconha ser porta de entrada para outras drogas, mas ela por si mesma oferecer perigo.

Todo usuário deveria se conscientizar de que o dinheiro que ele paga pela droga vai parar nas mãos dos traficantes, que pode se transformar em arma, com a qual eles podem matar, assaltar, roubar e seqüestrar qualquer um, até mesmo um familiar do próprio usuário. Repetimos: consumindo drogas, o usuário alimenta a rede do crime.

Um usuário de drogas não consegue estar inteiro em um relacionamento, não só em termos de rendimento físico

---

[27] Falo da "Educação a Seis Mãos" no meu livro *Ensinar aprendendo: novos paradigmas na educação*, da Integrare Editora, 2006.

e material como também na sua competência às atividades que tem de realizar, além de não ser uma pessoa totalmente confiável. Não se pode saber de antemão quando ele usará a droga, pois nem mesmo ele tem esse controle. Portanto, todo usuário de drogas não está em condições de estabelecer um relacionamento íntegro.

Professores suspeitos

A situação agrava-se ainda mais quando, em vez de um estudante, é um professor que está sob suspeita de usar ou traficar. Como tem acesso maior aos alunos, pode se aproveitar disso para colocar o "produto" (droga) no seu "mercado" (alunos).

A medida, nesse caso, deve ser drástica. Professores, além de dar aulas, devem ser modelos comportamentais de saúde social e formadores de opinião. Quando passam drogas aos alunos, é porque devem estar mal-intencionados, adoecidos pelo vício ou porque desconhecem os malefícios das drogas.

Se o professor tem um vício, que se trate. Se lhe faltam informações, que estude. Se está com más intenções, não deve ser educador. Uma escola será denegrida em seus valores caso no corpo docente haja um usuário de drogas.

O professor deve vestir o "avental comportamental escolar": seguir os procedimentos estabelecidos pela ideologia da escola à qual pertence[28]. Ao usar drogas, ele rejeita esse avental e, sem ele, não é um digno representante da escola.

[28] Falo do "avental comportamental" do professor na obra *Ensinar aprendendo. Novos paradigmas na educação*, da Integrare Editora, 2006.

Professor que usa drogas e as passa aos alunos não tem saúde relacional para ser educador.

Raciocínio semelhante pode ser aplicado ao professor que fuma cigarros em sala de aula. Além de contrariar a lei, ele estimula a vontade dos alunos tabagistas e desperta o interesse dos que não são, isso sem considerar o prejuízo a que todos os estudantes estão expostos como fumantes passivos.

Traficantes escolares

Dois tipos de tráfico podem ser praticados dentro de uma escola: o micro e o míni. O microtraficante não recebe pelo trabalho, trafica em benefício próprio. Um dos alunos se candidata (ou é escolhido pela turma) para ir à boca onde o traficante maior tem ponto – freqüentemente uma favela. Ele compra a droga em maior quantidade por um preço menor e ao vender aos amigos tira sua parte.

Esse traficante não está a serviço de ninguém, mas já tem um grau de envolvimento maior do que o simples usuário, porque faz contato com o traficante. Por ser esperto e ardiloso, a maioria goza de *status* especial na turma, algo semelhante a chefe de turma, que não ensina os macetes aos outros para não perder o benefício de usar drogas sem precisar pagar.

O grupo que se une para adquirir droga cria um vínculo de cumplicidade e garante um acordo de silêncio. Ninguém pode "entregar" ninguém. Quando um deles é surpreendido, jamais denuncia os colegas, por causa desse pacto de usuário. O minitraficante trabalha para um traficante maior: compra e revende droga, ganhando dinheiro com isso. Seu método de ação assemelha-se ao do traficante comum, criminoso. Ele tenta aliciar outras pessoas, oferece droga de graça, faz um caixa de crédito. A diferença é que atua apenas entre conhecidos. O dinheiro obtido dessa forma quase sempre é gasto com drogas. Tanto o míni quanto o microtraficante habitualmente são pessoas que partiram para isso em função do uso de drogas.

Pode-se dizer que o minitraficante é uma espécie de agravamento da atuação do microtraficante. Ele passa a fazer tráfico porque dá lucro fácil. A média que recebe por mês varia de 600 a 800 reais. Quantos adolescentes ganham tudo isso?

Escola não é instituição penal nem clínica de tratamento. Suas leis são mais brandas que as sociais, porém têm de ser mais severas que as familiares.

Diante de um microtraficante, a escola não pode se dar ao luxo de ignorá-lo, e com um minitraficante ela tem de ser bastante assertiva e severa. Esses indivíduos não podem conviver com outros colegas. Funcionam como um câncer que se dissemina pelo organismo. E, como se fossem um tumor, devem ser encaminhados imediatamente para tratamento, cabendo à escola a decisão de expulsá-los ou não, conforme o histórico escolar. Os minitraficantes dificilmente se recuperam, mas os microtraficantes tentam parar para não perder a escola quando a valorizam. Os colégios têm de usar as armas que lhe são cabíveis: educação, preparo pessoal e integração relacional.

A questão do sigilo

Uma das dúvidas mais freqüentes é se todo esse procedimento adotado, sobretudo após a descoberta do uso de droga, deve ou não ser mantido em sigilo perante outros alunos e professores. Não é preciso exibir, mas tampouco se deve esconder. É importante que sejam explicados os procedimentos tomados a todos que se interessarem.

Quando a escola identifica um usuário, geralmente outros alunos já o tinham identificado. Estes ficam na expectativa do que acontecerá com o usuário, quais as medidas que a escola tomará. Se nada acontecer, essa impunidade pode estimular os outros usuários a consumir droga na escola. O contato com usuários impunes pode incentivar os não-usuários a experimentar drogas na escola. A escola torna-se um ponto de compra, venda e uso de drogas, não só de maconha: com certeza outras drogas mais potentes virão.

Um bom procedimento é acompanhar quais as atitudes que a família tomou com o usuário. Se for indicado tratamento, a escola poderia também acompanhar o tratamento e contribuir diretamente informando ao médico a evolução do seu paciente na escola. Dessa maneira todos os alunos percebem que usar drogas é um problema que tem de ser tratado, e não o usuário ser simplesmente suspenso ou expulso.

Trabalho preventivo eficiente

A escola tem por obrigação capacitar-se para enfrentar o maior mal evitável do século, as drogas. Queira ou não, seus alunos entrarão em contato com drogas. Diretamente, por meio de pessoas que as usam ou com informações que bombardeiam o cotidiano deles. A escola precisa ajudá-los a fortalecer a opinião contrária ao uso.

A prevenção não depende só da inteligência nem da quantidade de informação recebida, mas do crédito dado a essa informação.

Informação isolada não resolve. Pode ficar solta no cérebro e terminar descartada. Nada garante que se transforme em conhecimento, muito menos em sabedoria para melhorar a qualidade de vida. Palestras meramente expositivas têm pouca eficácia em contraste com palestras interativas, em que o palestrante transmite seus conhecimentos respondendo a perguntas do público. Um papo aberto pode ser mais significativo do que uma simples leitura de um capítulo de um livro científico.

Agendar depoimentos de usuários recuperados e visitar clínicas de recuperação de drogados pode ser uma faca de dois gumes. Talvez sirva para desestimular adolescentes contrários ao uso, mas se no público houver alguém paquerando a droga, um ex-drogado pode até servir de incentivo. O paquerador está sujeito a pensar: "Ele usou, sofreu e conseguiu superar. Eu também posso escapar de tudo isso se usar menos". O risco será maior quando a platéia for composta de onipotentes juvenis, que são alunos do Ensino Médio, em plena adolescência.

Exemplos a seguir

Escolas de todo o país estão se mobilizando para enfrentar o desafio das drogas. Existem vários tipos de trabalho que visam à prevenção do uso de drogas. As atividades mais freqüentes são a semana de prevenção e combate ao uso das drogas e a solicitação de trabalhos escolares sobre o tema.

Semana da prevenção contra o uso de drogas

Nessa semana, aberta à comunidade, a escola realiza shows, palestras, exposição de trabalhos dos estudantes, com prêmios aos melhores, escolhidos por um comitê misto de professores e alunos eleitos pelos próprios alunos; um especialista em drogas é convidado, além de outros eventos que variam conforme as particularidades locais e a criatividade dos organizadores.

Aqui vai uma sugestão para a realização de um trabalho de prevenção ao uso de drogas que envolva toda a escola: O primeiro passo é instalar numa área central de acesso a todos os alunos – o pátio, por exemplo – uma urna e sobre ela um cartaz com os dizeres: "Coloque aqui sua sugestão de tema, pedido, pergunta ou participação para a semana da prevenção às drogas, que será realizada do dia tal ao dia tal. Não é necessário assinar. Basta informar idade e série".

A idéia é colher material anônimo, para fazer com que os alunos se interessem em falar e refletir sobre o tema. Todos os professores, no começo da aula, informam sobre a semana de prevenção ao uso de drogas, mencionam a urna e convidam à participação.

As perguntas colhidas devem ser tabuladas e separadas segundo os interesses e idades. Assim, levantam-se os temas principais e a programação é feita com foco num tema por dia. Cada adolescente tem sua idéia, por isso é praticamente impossível que uma única palestra consiga atender aos interesses de todos. Os temas serão tratados por uma pessoa especializada, encarregada de responder às perguntas. Quem perguntou terá interesse em ouvir a resposta e algo mais.

Vale a pena ainda envolver os pais, porque a prevenção não é uma ação individualizada, mas, sim, um trabalho em rede de relacionamentos. A família tem de se comprometer também, porque não adianta defender quem não se protege.

Quanto maior a participação da Associação de Pais e Mestres (APM) e da comunidade, melhores serão os resultados. Por tratar-se de drogas, foi-se o tempo em que os pais se preocupavam somente com os próprios filhos. De pouco adianta todo esse cuidado exclusivo se os adolescentes mergulham numa comunidade tomada pelas drogas. Nossos filhos terão vida mais saudável se a comunidade toda apresentar mais solidariedade, ética e cidadania.

Apostilas

Bastante interessante é o estímulo ao trabalho em forma

de apostilas. Pode ser feito por pequenos grupos de alunos, que realizam pesquisas em diversas fontes, inclusive na internet. Depois montam uma apostila e participam de um concurso especial de apostilas. As melhores, segundo o critério de avaliação e do julgamento de um pequeno e já citado comitê, poderiam ser rodadas e distribuídas aos interessados, com direito a um lugar especial na biblioteca da escola, à disposição dos demais interessados e da comunidade.

Shows
Os shows poderiam ser montados por outra equipe formada por professores e alunos voluntários. Valem conjuntos musicais, vinhetas teatrais, atividades circenses e mais atividades típicas da região. A participação é exclusividade dos alunos. A premiação pode ser por aclamação do público presente. Isso faz com que a platéia torça pelos seus ídolos. Os adolescentes e os familiares dos artistas adoram essa parte.

Entretanto, devemos ter cuidado. Atendi um rapaz que pertenceu ao time de futebol dos "acabadaços" que jogou contra o time dos "inteiraços". Por sorte, os "inteiraços" ganharam, mas a torcida estava a favor dos "acabadaços". Era um jogo de futebol entre os usuários e os caretas. O que teria acontecido com os alunos, caso os usuários de drogas ganhassem o jogo? Foi um risco grave que a escola correu.

A melhor prevenção é aquela em que o aluno cria seus próprios mecanismos de proteção contra as drogas e de preservação da saúde.

Capacitação de professores

Há escolas que investem na capacitação de seus professores, oferecendo-lhes cursos e palestras de atualização para um efetivo trabalho de prevenção ao uso de drogas. Em outras, dotadas de menos recursos, a iniciativa parte de um professor que solicita aos alunos um trabalho escolar acerca da prevenção ao uso de drogas, sugerindo leitura de livros e pesquisas livres. O grupo escolhe os melhores trabalhos para expor à escola e à comunidade. Os resultados costumam ser bons.

10 Senhores pais, só o amor não basta

É cada vez maior o número de pessoas que me consulta após descobrir o envolvimento do filho com drogas. A revelação causa emoções tão fortes que as famílias podem enfiar os pés pelas mãos, adotando condutas inadequadas que pioram a situação em vez de melhorá-la. Lembremos da síndrome dos anjos caídos. A maioria dos pais não está capacitada para enfrentar essa inesperada e dura realidade, cada vez mais concreta.

Dialogar? Cortar a mesada? Proibir de sair?

O que os pais devem fazer quando recebem denúncias anônimas, acham vestígios de maconha em casa ou descobrem que o amigo do filho está usando drogas?

Em momentos de crise, a tendência dos pais é exagerar nos traços que já apresentavam antes. Os agressivos tornam-se violentos; os depressivos, culpados; os controladores aprisionam os filhos em casa; os medrosos se calam; os folgados esperam que "isso seja coisa da juventude"; os assustados entram em pânico etc. Essas reações pouco ajudam. Só o amor também não basta. Diálogo é ótimo, mas não resolve. Os pais e educadores precisam se habilitar para trabalhar com o jovem, caso a droga entre em sua vida. Como ninguém escapa do assédio dela, é necessário estar preparado para essa eventualidade. A crua realidade demonstra que não existe segurança absoluta na afirmação "Meu filho jamais vai usar drogas".

Os pais que atendi dizem em uníssono "que se soubessem antes o que sabem agora" teriam trabalhado a tempo, evitando assim tantas complicações. Realmente, quanto mais cedo for detectado o uso de drogas, tanto maiores, mais fáceis e mais baratas serão as chances de recuperação. É mais difícil separar um casal já casado do que um na fase da simples paquera. Assim é também quando o envolvimento é com as drogas. A seguir, comento algumas situações com que os pais podem se defrontar.

Filho sob suspeita

Um comportamento estranho do adolescente pode levar os pais a desconfiar que o filho esteja usando drogas. A primeira atitude a tomar é se preparar para encarar o problema. A droga em questão é a maconha? Então levantem informações a respeito, dêem preferência a autores com embasamento científico, se possível médicos. Prepararem-se e habilitem-se, aumentem o conhecimento para enfrentar melhor o problema.

De posse dessas informações, os pais se conscientizam dos perigos reais do uso, tornam-se capazes de identificar sinais com mais objetividade e saber o que e onde procurar. Uma pessoa que tem uma meta é mais determinada e assertiva, não perde o precioso tempo, fica precavida, inclusive, com relação às mentiras utilizadas pelo usuário, já que a droga quebra a sua ética.

O passo seguinte é vasculhar o quarto. Muitos pais resistem, não querem invadir o espaço do jovem. Mas perde a privacidade quem está sob suspeitas. Nesse caso, a vida do filho está sendo ameaçada quando começa a usar drogas. Mexer nas coisas do filho é um gesto de amor, de respeito à sua saúde, de defesa da sua integridade.

Alguns esconderijos de droga ("mocós") são bastante comuns: atrás de qualquer gaveta pode-se encontrar um pacote grudado com fitas adesivas, envolvido em saquinho plástico (se for maconha, é para não trazer cheiro); atrás dos espelhos da tomada de luz; dentro das caixas de som, por ser um local oco.

Lembremos que sair do quarto de mãos vazias não afasta a suspeita, porque o adolescente talvez *não* esteja guardando a droga em casa. É preciso observar outros sinais. Caso encontre algo diferente, o melhor é ir direto ao filho e perguntar, cara a cara, do que se trata. Não adianta esperar, na ilusão de que aquilo não pertence a ele. Não precisa perguntar onde ele a comprou ou quem a vendeu, pois dificilmente ele responderá.

O adolescente pode se calar e até negar tudo. A resposta típica é dizer que guardou para um amigo. Pode até ser verdade, mas na maioria das vezes é mentira. Se for verdade, ele já está sendo conivente com o uso, portanto se ainda não estiver usando está prestes a fazê-lo.

A suspeita pode tornar o adolescente mais cuidadoso, fazê-lo caprichar ainda mais na escolha do esconderijo, tentar disfarçar melhor

Denúncias anônimas

Bilhetes de autoria desconhecida ou chamadas telefônicas anônimas podem advertir os pais: seu filho usa drogas. O procedimento a ser tomado deve ser semelhante ao da suspeita. Como já vimos, nesses casos as frases típicas dos adolescentes são as mais interessantes. Procuram constranger os pais com perguntas defensivas: "Vocês acreditam mais em um estranho que em mim?". Se a família acredita ou não na denúncia, não importa, tem de verificar.

Nem precisa apurar o denunciante. A maioria dos pais desqualifica a denúncia se a pessoa não se identifica, como se o anonimato eliminasse o valor do seu conteúdo. Se o aviso partir de conhecidos, amigos ou parentes, é preciso respeitá-lo ainda mais, pois essas pessoas estão, na verdade, ajudando o jovem, quando poderiam pensar "o problema é deles, por isso não vou me envolver".

A confirmação

Caso o jovem confirme "Ok, a maconha é minha", convém, então, pesquisar desde quando está envolvido, por que usa, para que, quando fuma. Se já está usando sempre, ele responderá que se droga algumas vezes. Se afirma que só experimentou – insisto –, é porque a utiliza algumas vezes. Ou seja, as respostas serão minimizadas, para não chocar muito a família.

Independentemente do que o filho disser, os pais sentirão uma grande decepção, carregada de mágoa, raiva e culpa. Esses sentimentos são tão intensos que os fazem agir de maneiras inadequadas, por exemplo:

Ofendem o filho, chegando à agressão física: uma surra.
Ficam se culpando: "Onde foi que eu errei?".
Castigam de maneira impulsiva, predispondo-se ao arrependimento.
Tentam separá-lo do que consideram más companhias, como se os "amigos" fossem os responsáveis pelo problema.
Decretam prisão domiciliar.
Cortam a mesada.
Transferem o filho para outra escola e, às vezes, a família até muda de endereço.

Essas ações, além de não resolverem o problema, podem agravá-lo, pois talvez seja essa mesma dinâmica familiar que tenha contribuído para o filho procurar a droga.

A família, em geral, arranca do filho a promessa de que ele não a usará mais. E crê nele. No início, de fato, o adolescente pode dar uma maneirada e diminuir a freqüência ou a quantidade. Mas é difícil que um jovem consiga parar de fumar maconha simplesmente porque teve uma boa conversa com os pais. O fato é que ele pode prometer isso para sossegar os pais, mesmo que pense em voltar a se drogar quando eles relaxarem.

Quem é o fornecedor?

As atitudes punitivas ou protecionistas são infrutíferas porque caem num erro comum: transmitem ao adolescente a idéia de que os pais são capazes de controlar a droga. Se os pais podem, ele pode mais ainda. Desse modo, a estratégia familiar fortalece a onipotência provocada pela droga, a sensação de que o poder de controlá-la está nas mãos do usuário.

O melhor procedimento é buscar o auxílio de alguém experiente no assunto, um familiar, um profissional ou um grupo de ajuda. Assim, os filhos são forçados a entender que, se nem os pais podem com a droga, para sair dessa é preciso aceitar ajuda.

Se os próprios pais reconhecerem

sua impotência perante as drogas,

solicitando ajuda externa, os filhos

perceberão que necessitam de auxílio.

Outro erro comum é perguntar quem arrumou a maconha. Dificilmente se obtém resposta. A pior coisa do mundo para o jovem é entregar os amigos. Também não importa tanto saber quem arrumou, o importante é que ele pegou. A idéia-chave é a seguinte: Por que você pegou?

Culpar quem forneceu inocenta o consumidor. É como se dissesse: "Ele não fez porque quis, as más companhias foram as culpadas".

Descuido ou pedido de socorro?

Será que ele deixa pedaços da erva ou apetrechos do uso à vista de propósito? Alguns anos atrás, supunha-se que se o filho deixasse pistas para ser descoberto era porque estava pedindo ajuda. Acredito que isso não seja tão verdadeiro. Em meus atendimentos, a maioria dos jovens surpreendidos não buscava ajuda e resistia bastante a qualquer interferência na vida deles. As pistas acabam largadas pelo caminho porque, de tanto usar, a pessoa esquece de tomar cuidado. Foi descuido, não pedido de ajuda.

Raríssimos adolescentes, aliás, pedem socorro ou procuram tratamento por iniciativa própria, ainda mais quando estão na fase de *namoro* com a droga. O auxílio é dispensado porque eles não se julgam doentes. Somente quando o uso da droga começa a ficar incontrolável é que sentem os prejuízos e tendem a aceitar a participação num trabalho em seu benefício.

Por serem responsáveis pelos filhos, os pais devem ter uma natural autoridade para encaminhá-los ao tratamento. Do contrário, a droga manda no filho e o filho manda na família. Logo, quem manda na família é a droga.

Se alguém desmaia, primeiro é levado para consulta e lá se pesquisa a origem do distúrbio. Por que não ocorre o mesmo com as drogas? Se for vício, é doença. Mesmo não sendo, já é um problema. Doença ou problema, ambos precisam ser resolvidos e tratados por pessoas capacitadas.

Caso a família não consiga levá-lo nem arrastado para uma consulta, que pelo menos os pais falem com um especialista e, orientados por ele, tracem planos para lidar com a situação.

Se o usuário tem irmãos, não dá para tratar de um só, separado, como se tivesse um problema a esconder dos outros. Geralmente os irmãos sabem antes dos pais e depois acompanham as atitudes dos adultos. É necessário preparar o resto da família para trabalhar o que estiver envolvido com as drogas, mesmo que seja o mais velho. Se nada for feito, com sua força de líder ele pode arrastar consigo seus irmãos.

Encontrando o filho "chapado"

Experiência dolorosa, por vezes inacreditável, é dar de frente com o filho "chapado". O importante é manter o controle. Não vale a pena fazer sermões nem quando ele está "sóbrio", o que dirá sob efeito agudo da droga.

Os pais, porém, devem conversar bastante com ele nesse estado, ainda mais por perceber que o filho não se encontra em condições psicológicas normais. De preferência, gravar tudo, porque normalmente o usuário não se recorda do que fez ou do que respondeu.

É muito mais freqüente que, como artifício de defesa, ele desqualifique a palavra dos pais: "Quem garante que vocês estão falando a verdade?". Se ele quer provas, é bom tê-las para desarmá-lo e, assim, ter início o trabalho de recuperação.

Pais protetores: risco de extorsão

Existem pais dispostos a pagar qualquer preço para tirar o filho de enrascadas, impedir que passe uma noite na cadeia, que seu nome seja fichado, que a escola decida expulsá-lo. Prometem dinheiro, favores, o que estiver ao seu alcance. Tentam comprar o guarda, o delegado, o diretor. Corrupção e extorsão andam de mãos dadas, sabemos nós.

Há também maus policiais que não perdem a oportunidade de extorquir os apavorados e impotentes pais num claro gesto de abuso de poder em benefício próprio. Como se já não bastasse a dor de descobrir que o filho está preso por uso de drogas, os pais ainda são extorquidos por autoridades "do mal" que deveriam zelar pela sociedade. Isso é um sofrimento horrível imposto aos pais pelo filho drogado.

Se se sentirem pegos de surpresa pelo chamado da escola ou da delegacia, é porque os pais não estão preparados para tomar nenhuma atitude. Precisam de orientação, e muitas vezes não a obtêm. Assim, o susto estimula alguns a partir para alternativas drásticas, como internar o filho. Saem da delegacia direto para o hospital, abusam do pátrio poder e fazem algo que não lhes cabe fazer, pois a internação em hospitais deve ser uma indicação médica.

O amigo dele usa...

O filho não usa ou afirma não usar. Quem usa é o amigo, e ambos continuam saindo juntos. Essa situação é bastante delicada, pois sair junto não indica obrigatoriamente que seu filho está envolvido, mas revela tolerância ao uso. Convém questionar: por que seu filho tem de aturar a droga que o amigo usa e não o amigo deixar de fumar para conviver com ele?

Talvez seu filho permaneça com esse alguém por falta de opção, por não ter outros amigos. Ele pode sentir que é melhor a companhia de um canabista do que ficar sozinho. Apenas os que têm saúde psíquica com boa auto-estima adotam a filosofia do "antes só do que mal acompanhado".

O jovem procura outros para se sentir bem.
Se ele não se afasta nem critica quem usa, está muito próximo o dia de ele querer usar também.

Os pais devem ser muito claros e objetivos nas suas propostas. Isso fortalecerá a posição do jovem quando ele não quiser sair com tal amigo. A falta de posicionamento da família pode ser recebida como uma silenciosa anuência a essas saídas.

Hoje não é mais suficiente cuidar do próprio filho. Se os pais puderem, devem ajudar os pais desse amigo usuário. Porque quando estão em turma, uns jovens influenciam outros.

Não é só com a própria família que cada um tem de se preocupar. Cada um precisa fazer a parte que está ao seu alcance. Se não há intimidade para falar com o rapaz, isso não significa que não possa alertar os pais dele: "Seu filho está estranho, a turma tem comentado, repare no comportamento dele...".

A turma dele usa...

Essa situação é muito mais delicada porque envolve a rede social do filho. O rendimento escolar da filha havia piorado, ela trocara amigos de longa data por outros cujos costumes os pais desaprovavam. Eles pensaram em transferi-la para outra escola, vigiá-la constantemente etc.

Na realidade, antes mesmo desse acontecimento, os pais queriam que a filha fizesse terapia, mas ela sempre se recusava. Desta vez, como querendo provar que nada temia, ela mesma disse que queria. Recomendei aos pais que consultassem um colega especialista em jovens e em drogas.

O motivo principal para relatar esse caso é que ele está se tornando muito comum, e é importante que os pais saibam como enfrentá-lo.

Não adianta os pais tentarem controlar a filha, que considera a turma mais importante que a própria família. É o momento de aplicar a Prevenção pelo Sistema de Rede.

O pai deveria telefonar para os pais dos amigos de sua filha e comunicar como achasse melhor, mas a minha sugestão é: "Seu filho e os amigos dele estiveram em minha casa, a convite da minha filha na nossa ausência, e houve consumo de drogas. Não sei dizer quem usou ou deixou de usar, o que importa é que estiveram todos juntos. Assim como a minha filha, se seu filho não usou, ele é conivente, se não for cúmplice do uso. Estou lhe contando para que você tome providências em relação ao seu filho, como vou tomar com a minha filha. Estou telefonando para todos os pais, pois, se fosse a minha filha que estivesse na sua casa eu gostaria de ser avisado. O máximo que posso fazer é alertá-lo. Estou disponível para mais detalhes".

Em caso de turma que usa drogas, não adianta cuidar somente do próprio filho, mas de toda a turma. Não recomendo que se fale somente com a mãe, porque muitas mães não contam para o pai, acreditando assim evitar maiores dissabores. Acompanhando muitos usuários, percebo que faltou a figura do pai agindo no começo do uso.

A filha se apaixonou por um usuário

Ela se encanta por um rapaz, descobre que ele fuma maconha e resolve afastá-lo desse caminho. Muito cuidado, pais! A experiência mostra que é mais fácil a garota entrar na dele e acabar usando droga do que ele abandonar as drogas.

Na garota, a onipotência juvenil se manifesta na crença de poder salvar as pessoas que ama ou acha que ama. Ela pode adotar algum "carente" e confundir a satisfação de atender à carência com a sensação de amar. As mulheres se prejudicam porque se entregam à pessoa, querendo ajudar. Acreditam nas promessas, ficam junto para "dar uma força" e, quando menos se espera, lá estão elas a canabisar também. Agora, se for o inverso, se o garoto começar a namorar uma garota que usa drogas, nem sempre ele cai nessa.

Olho vivo: as meninas que querem salvar o mundo são as maiores vítimas dos usuários de drogas.

"Posso experimentar?"

Eis uma situação bastante rara. Os adolescentes não costumam pedir aos pais esse tipo de permissão. Mas, se acontecer, é preciso aproveitar a oportunidade para discutir os efeitos da droga não só do ponto de vista psicobiológico mas sobretudo do relacional.

Pode ser uma provocação, já que o filho sabe a resposta. Mas, como a pergunta pega os pais de surpresa, é comum responderem com evasivas ou idéias preconceituosas que em nada contribuem para esclarecer o assunto.

Os pais não são obrigados a saber tudo. Na falta de uma resposta confiável, é mais sábio reconhecer que não sabem e propor que ambos se informem por meio de fontes dignas de confiança. Dessa forma, os pais e responsáveis educam o filho para não acreditar no que ouve a respeito de drogas e o incentivam a buscar suas respostas, mesmo que isso dê mais trabalho.

Depois, interessa muito é a troca de informações que conseguiram e as respectivas trocas de idéias. Dessa forma, todos aprendem, e quanto mais se sabe sobre drogas, menos se quer experimentar.

É bastante comum entre meus pacientes juvenis, ou mesmo no papo aberto sobre drogas com jovens, surgir a pergunta: "Você já fumou maconha?". Eu respondo a verdade: "Não. Por quê?". Eles rebatem: "Se você não fumou maconha, como pode falar sobre ela? Isso não é preconceito?". Esclareço a eles que não é preconceito, e sim um *conceito* que consegui formular por meio de muitos atendimentos que fiz a jovens usuários de maconha durante trinta anos de carreira. Assim como um especialista em aids não precisa ter a doença para tratá-la, eu não preciso fumar maconha para tratar dos seus prejuízos.

E se os pais já fumaram maconha?

Alguns ex-usuários de maconha na adolescência podem ficar permissivos: admitem que o filho use e até abuse um pouco. Esses pais devem lembrar que a maconha da sua juventude tinha um significado cultural: era o modo de protestar contra o autoritarismo, e a maconha era muito menos viciante que a de hoje.

Entretanto, o adolescente, hoje, faz parte da geração do prazer. Não carrega o sentido do dever nem tem ideologias claras. Usa maconha para seu próprio "benefício".

Atendi uma jovem mãe que estava superpreocupada porque seu marido fumava maconha na frente do filho do casal. Ele alegava que o filho só tinha 2 anos de idade e não entendia o que estava acontecendo. Também dizia que não a entendia, pois antes de casar ela às vezes canabisava com ele. Como ela ameaçasse voltar com o filho para a casa de sua mãe, ele ainda a chantageou: "Você vai tirar o pai da criança que tem tanto amor por ele?".

Se os pais ainda hoje canabisam de vez em quando, não devem fazê-lo na frente dos filhos, porque nada autoriza mais um adolescente a usar maconha do que presenciar o próprio pai usando.

Alguns colocam um limite que chega a ser pitoresco: "Então você vai fumar na minha frente". Isso é um absurdo: não garante que o filho acenderá um baseado somente diante dos pais. A autorização não altera o poder viciante da droga.

E a mãe reverte o quadro!

Laura tem três filhos. Carlos, o caçula, 16 anos, primeira série do Ensino Médio de um excelente colégio, começou a ficar muito diferente do que sempre fora. Fechou-se em si e nos seus amigos, sua concentração diminuiu bastante, suas notas pioraram muito, passou a vestir-se diferente e ouvir músicas estranhas, ficou muito agressivo com a mãe e não aceitava nenhuma consulta psicológica. O que mais chamou a atenção de Laura foi que Carlos começou a fumar cigarros. E seus amigos tinham "fama" de maconheiros no colégio.

O pai, um grande empresário desgastado pelo excesso de trabalho, era bastante controlador e explosivo em casa, sem paciência com Carlos. Laura, totalmente dedicada aos filhos, preocupada com Carlos, resolveu me procurar. À medida que Laura se informava sobre os acontecimentos que podem ocorrer com quem começa a usar maconha (atração fatal, sinais e disfarces, o fluxograma de um usuário, onde e quando canabisam), ela pôde montar o quebra-cabeça e tomar atitudes adequadas, envolvendo praticamente toda a família. A cada entrevista, Laura trocava idéias com o marido, que passou a participar ativamente dessa nova etapa. No mesmo período que Laura freqüentou o consultório, a primeira edição deste livro estava sendo escrita. Portanto, para facilitar a conversa com os demais filhos e o marido, Laura levava impresso um ou outro capítulo que era pertinente ao momento que ela e a família viviam. Ela comprovava na prática o que eu estava escrevendo.

Em vez de brigar com a maconha, vale mais a pena ocupar o filho com atividades e cobrar resultados.

Laura e o marido formaram uma unidade funcional em casa. Nem tudo foi fácil, pois Carlos, dentro de sua onipotência juvenil, tudo "peitava", batia de frente a qualquer contrariedade. Mantiveram-se firmes, o que não significa ser rígidos, e empenhados em não propiciar nem sustentar aquilo com que não concordavam. Por exemplo: Carlos não podia mais, ao sair do colégio, ir a qualquer outro lugar passar algum tempo antes de voltar para casa. Não tinha por que ficar saindo com os amigos que canabisavam se devia estudar e tinha tarefas escolares a fazer. Passar finais de semana com esses amigos na casa deles, nem pensar.

Carlos melhorou bastante, reaproximou-se da família, mas não viajou com ela para ficar estudando. Após grande esforço, conseguiu ser aprovado em regime de recuperação escolar. Num fim de tarde de uma quinta-feira de fevereiro, nenhuma data especial, Laura conseguiu reunir toda a família para ir ao cinema e depois jantar. Voltava a costumeira paz àquela família. Carlos nunca admitiu que fumara maconha, mas seu comportamento praticamente voltou ao que era antes. Em vez de brigar com a maconha, Laura conseguiu ocupá-lo com muitas tarefas, que ele seria capaz de cumprir, e dar-lhe responsabilidade por elas.

11 Tratamento e recuperação

Orientação, tratamento médico e grupos de auto-ajuda são os principais recursos para trabalhar as pessoas envolvidas com drogas.

O primeiro passo que a família deve dar é reconhecer sua impotência perante o uso das drogas, devido à falta de conhecimentos, principalmente quando o usuário não quer parar de usar. Não é muito difícil ajudar um usuário que quer parar de usar.

Então, convém buscar auxílio de pessoas experientes: um familiar que tenha enfrentado o problema ou participado de trabalhos com dependentes, e/ou um profissional bem familiarizado no trabalho com drogas, seja médico, seja psicólogo e/ou um grupo de auto-ajuda.

Onde buscar orientação

A orientação pode ser dada por qualquer pessoa que tenha experiência em trabalhos com usuários de drogas. Deve ser procurada quando os pais ou educadores descobrem que seus jovens estão usando drogas ou há suspeita de envolvimento com elas.

Vou analisar cada uma dessas hipóteses com base nos casos que tenho atendido no consultório.

Quando pai e mãe apenas desconfiam

O mais comum, nesses casos, é os pais buscarem informações e orientações por meio de uma entrevista. Em geral, a mais preocupada é a mãe, e costuma aparecer antes no consultório, também porque o pai está trabalhando e não pôde comparecer.

É mais comum o pai minimizar a situação, achando que tudo não passa de exagero da mãe, mas há casos em que ele nem desconfia de nada, acha tudo normal e ainda tenta tranqüilizar a esposa.

Para ajudar o filho, pai e mãe precisam deixar de lado suas divergências e unir esforços na luta para a recuperação do filho.

Essa diferença de posição pode se manifestar também quando os pais participam da entrevista e tende a agravar-se quando o casal está separado. Seus problemas ainda não resolvidos podem recair sobre a suspeita. Durante a entrevista, cada um tenta me convencer de que está certo e o parceiro errado. As melhores evoluções do caso ocorrem quando ambos (pai e mãe) estão realmente dispostos a resolver a questão. Em meu trabalho de orientação aos pais que suspeitam do uso de drogas, sigo alguns passos:

1 **Levantar os fundamentos da suspeita.** Por meio de perguntas acerca das condições de vida anteriores à suspeita, cientificamente conhecidas como condições pré-mórbidas, ajudo os pais a avaliar melhor a situação.

2 **Fazer diagnóstico diferencial com outros quadros correlatos.** Nem toda rebeldia, turbulência, apatia ou mudança de amigos, de ritmo de vida, de rendimento escolar e afetivo são provenientes do uso de drogas.

3 **Focalizar os dados em torno da droga em questão.** Perguntas específicas sobre os comportamentos, sinais e disfarces mais comuns a cada droga contribuem bastante para que os pais se organizem melhor.

4 **Sugerir procedimentos após a entrevista, que são:**
Conversar com o filho suspeito, dizendo terem reparado que ele anda muito diferente, contando tudo o que estão percebendo, mas sem mencionar a suspeita de uso de droga. Buscar as causas dessas alterações é uma forma de abrir o diálogo com o adolescente.

Contar ao filho que foram conversar com um profissional sobre suas preocupações referentes às mudanças no comportamento dele. Convém acrescentar que o especialista falou sobre eles, pais, e nada a respeito do filho, pela ética profissional de não fazer comentários sobre o ausente. Não adianta ficar brigando com o filho com base numa suspeita. É melhor preencher o tempo livre ou supostamente dedicado ao uso de drogas com outras atividades que o ocupem e despertem-no para a sua responsabilidade.

Se as suspeitas persistirem, conversar mais, só que dessa vez perguntando claramente sobre envolvimento com drogas.

Prestar mais atenção nos pontos levantados na entrevista de orientação e começar a procurar a droga e os vestígios de uso específicos a cada uma, conforme exposto no capítulo 6.

Propor, pedir ou impor ao filho suspeito, conforme a gravidade, uma entrevista de papo aberto com um profissional. Dependendo da idade, do temperamento e do envolvimento com a droga, o jovem pode não aceitar a hipótese de receber orientação médica ou psicológica, pois alega não estar com problemas nem doente, muito menos louco... Independentemente do argumento usado, os pais precisam insistir. Se um filho teve uma convulsão, mesmo que se recuse a ir ao médico por não se lembrar do ocorrido, os pais não deveriam pensar duas vezes para levá-lo ao neurologista.

Saber que o motivo explícito para orientação pode não ser a droga, mas mudança de comportamento. Se mudou para pior é porque algo não está bem. Tem de ser identificada a sua causa. Nenhum ser humano suporta perder rendimento sem explicação.

Se o suspeito está presente

Prefiro que venham os pais e o filho juntos. Mas nem sempre é o que acontece. Quando o adolescente chega sozinho, tomo a iniciativa de introduzir o assunto, perguntando se conhece a razão da consulta. Sua resposta é o ponto de partida para uma conversa interativa. Ele fica sabendo que meu objetivo é estabelecer um diagnóstico da situação, que isso nos interessa e que tudo o que até ali aconteceu permanece em sigilo. Mas se tudo piorar, caso ele "queira se matar", como eu não posso me responsabilizar pelo que acontece fora da minha sala, precisarei da colaboração dos pais. Informo, ainda, que seus pais podem vir falar comigo a hora que quiserem, mas o filho saberá de tudo.

O jovem pode perguntar o que quiser a meu respeito. Em geral, costumam perguntar se já fumei (maconha) ou se usei algum tipo de droga. Nunca experimentei, mas com tudo o que sei hoje eu não me arriscaria a dar umas "tragadas" na maconha ou a usar qualquer outra droga, ainda que elas dêem prazer.

O impressionante é que os jovens não fazem correlação entre o que está se passando com eles e o uso da maconha. Quando começam a perceber e a entender os efeitos da droga no organismo, como ela altera seu comportamento e qual é o mecanismo psicológico do vício, têm melhores condições de decidir o que fazer de sua vida.

Trata-se de uma orientação com referência mais psicopedagógica que psicoterapêutica. Mais importante do que seguir métodos e regras nessa entrevista é estabelecer um relacionamento de confiança mútua. Infelizmente, na maioria das vezes a suspeita dos pais tem fundamento. Mas o filho continua negando.

O uso foi descoberto
Os pais querem que o filho pare de usar maconha imediatamente após a descoberta. Em geral, chegam à consulta sozinhos e dispostos a tudo. É um momento de vulnerabilidade familiar. Preciso ajudá-los a se organizar antes de tomarem qualquer atitude.

O desespero é tão grande que pensam em mudar de casa, tirar o filho da escola, mandá-lo para o exterior, trancafiá-lo num hospital psiquiátrico, dar uma violenta surra nele, expulsá-lo de casa, tomar de volta tudo o que já deram para ele etc.

Surpresa, mágoa, traição, decepção, sofrimento, raiva, depressão, vergonha e preocupação misturam-se e acabam superestimando o episódio. Não é à toa que os pais vêem um leão no lugar de um cachorro. Também o que não podem é ver um gato. Cachorro é cachorro, e como tal deve ser tratado. É necessário ajudar os pais a dimensionar corretamente a descoberta.

Pelas informações espontâneas fornecidas pela família e pelas respostas às perguntas organizadoras, é possível obter a história objetiva. O quadro assim conseguido fornece hipóteses que serão verificadas pelo médico ao ouvir diretamente o jovem (história subjetiva), para concluir qual é o verdadeiro diagnóstico.

A história objetiva traz dados que talvez o próprio filho desconsidere, apesar de serem muito importantes para uma boa avaliação. Na história subjetiva, o filho pode contar e falar o que quiser, inclusive negar o uso e mentir para o profissional.

Daí a importância de um relacionamento de mútua confiança do especialista tanto com os pais quanto com o filho. Se uma das partes, pais ou filho, não confiar em mim, tenho de abrir mão dela. É impossível aceitar orientação de alguém em quem não se confia.

O filho vem junto
Primeiro atendo o filho sozinho, enquanto os pais esperam. Procuro estabelecer um bom relacionamento, não deixo de lado o bom humor e tento ser bastante claro e assertivo. Falo do meu sigilo e dos seus limites. Coloco meus conhecimentos à disposição dele, e o jovem pode perguntar o que quiser. Quando está mais "paradão", faço-lhe algumas perguntas usando um linguajar mais juvenil para deixá-lo à vontade. Isso facilita a aproximação, porque o usuário se abre com quem o entende.

Nessas condições, em geral o jovem conta que "dançou" em casa. É comum dizer coisas com ressalvas do tipo "Isso meus pais não sabem", quase pedindo cumplicidade. Depois de conversar com o filho sozinho, peço para os pais entrarem e conversamos juntos, pais, filho e eu. É uma boa oportunidade para todos falarem, pois em casa provavelmente seria impossível devido ao clima de ansiedade misturado com outros sentimentos e emoções.

Boa parte dos usuários nem sequer imagina que a maconha é a responsável pelas modificações em seu comportamento. Ao ter essa consciência, eles mudam a forma de encarar a droga.

Nem sempre é possível chegar a um diagnóstico somente com uma entrevista. Quando restam dúvidas, costumo propor mais três entrevistas com o filho, para depois marcar uma reunião com os pais.

Aos poucos, à medida que o filho adquire as informações necessárias sobre os efeitos da maconha, é bastante comum ele começar a se integrar. Apesar de essas entrevistas serem chamadas diagnósticas, na realidade já funcionam como psicopedagógicas e terapêuticas.

Jovem veio sozinho à consulta

A linha de ação é a mesma: com uma conversa descontraída, descobrir mais sobre o uso e esclarecer os efeitos das drogas. A maioria, logo que chega, diz que não sabe por que veio, que está tudo bem com ele, os pais é que deveriam passar por um profissional. Ou seja, vem com a maior resistência e, muitas vezes, com a esperança de me enrolar o quanto puder.

Recentemente atendi um jovem que dizia estar em dúvida sobre o caminho profissional durante quase todo o tempo da entrevista. Quando falei que chamaria a mãe para conversarmos nós três, conforme combinado, ele disse: "rodei com maconha em casa, com minha mãe". Talvez ele me enrolasse, caso de fato eu não fosse chamar a mãe.

Confirmado o diagnóstico, é preciso tomar algumas providências conforme a situação do jovem e seu grau de envolvimento com a droga.

O que fazer quando...

...só experimentou a maconha

De fato, se ele só teve um contato com a maconha, não há grandes modificações nos seus relacionamentos de amizade nem no seu comportamento, exceto o fato de ter ocultado a experimentação ou mentido a respeito. Porém, os pais devem observar atentamente esse filho, pois a probabilidade de ele voltar a canabisar está diretamente relacionada a alguns fatores:

O prazer que já sentiu na experimentação. Quanto maior tiver sido, maior a probabilidade de tornar a usar maconha. Ao contrário, se houve desprazer, são menores os riscos de repetir essa experiência.

Se na família de sangue há antecedentes de usuários de drogas.

Continuar saindo com seus amigos canabistas.

Não alterar em nada sua rotina, como continuar com tempo ocioso, ficar várias horas sozinho, acordar muito tarde etc.

...quer usar outras vezes em segredo

Toda vez que o uso esporádico adquire um ritmo, já se torna um hábito, não importa que aconteça uma vez por mês, somente no carnaval ou nas viagens à praia. O ritmo individual varia de acordo com as características de vida e de personalidade.

Ainda que o filho dê somente "uns tapas" (duas ou três tragadas) quando alguém lhe apresenta um baseado na roda (grupo de pessoas), o que caracteriza um fenômeno esporádico e sem ritmo, convém ficar atento.

A orientação é para que ele faça um acompanhamento psicológico, porque qualquer uso esporádico, com ou sem ritmo, enfraquece as defesas psicológicas, banaliza os riscos e maximiza o prazer a ponto de favorecer o aumento gradativo do consumo.

...pretende fumar esporadicamente

Os pais não devem aceitar que o filho continue usando a maconha mesmo esporadicamente. Precisam empenhar-se para que o jovem desista da idéia. Se ele está decidido a usar, mesmo enfrentando os pais, é porque seu envolvimento com a maconha está mais forte do que ele pensa. Provavelmente o uso tem um ritmo, que já deve ser um baseado inteiro de cada vez, e o jovem pode estar canabisando sozinho.

Esse ritmo tem tudo para crescer, pois é muito diferente o nível de THC no sangue da pessoa que "dá uns tapas" do daquela que fuma um baseado inteiro, assim como é mais grave canabisar sozinho do que em turma. A orientação aos pais é que fechem o cerco contra a maconha tomando algumas medidas:

Continuar vasculhando o quarto. Quem guarda em casa é porque compra e, se tem, vai usar.

Preencher o tempo, que eventualmente poderia favorecer o uso, com responsabilidades, cujos resultados devem ser apresentados.

Nunca aceitar que o filho canabise em casa, mesmo fechado, sozinho, em seu quarto, pois quem tem a liberdade de usar em casa, seja qual droga for, predispõe a mente a ter esse direito a qualquer hora. Se não respeita nem a própria casa (família), não há mais local a respeitar.

...o uso é constante

É preciso lutar contra ele, porque o próprio canabista, mesmo que ignore, sabe (se não sabe, sente) como já está diferente. Sua concentração não é a mesma, não tem mais paciência para estudar, não tolera mais "sua mãe pegando no seu pé", não acha graça em sair com quem não é canabista, prefere ficar com amigos canabistas a namorar.

*Não há organismo biopsicossocial
que se mantenha relacionalmente íntegro
em um viciado que fume um baseado por dia.*

A orientação é fazer um bom diagnóstico da situação: origem, como se encontra e quais as medidas adequadas para superá-la. É importante que os pais também façam um trabalho psicológico para detectar em que ponto (ou pontos) eles contribuem para que o hábito persista. Nenhum comportamento se mantém se não receber um reforço.

O dependente pode dizer que a maconha em nada alterou sua vida, para argumentar com os pais e fazer alarde para outros jovens. Mas é impossível ignorar os prejuízos.

O calor humano do amor responsável (amar e ser amado, abraçar e ser abraçado) é um dos melhores alimentos para que a alma suporte as frustrações de não mais usar a droga. Uma pessoa integralmente relacionada não precisa de droga, assim, a abordagem da organização Amor Exigente[29] costuma dar bons resultados.

Se o filho recusa a psicoterapia, que freqüente grupos de auto-ajuda como os Narcóticos Anônimos[30]. Mas algo tem de ser feito, pois a convivência anestesia a capacidade de percepção das pequenas mudanças do dia-a-dia.

...consome mais de um baseado por dia

Aqui a presença do vício está clara. A maconha produz tolerância, e o canabista já não sente mais seus efeitos agudos. Às vezes, nem um especialista consegue notar que ele está "fumado". Eu mesmo já cheguei a não perceber, de imediato, que um rapaz tinha fumado maconha antes da consulta só para me testar.

Sobrecarregado pelo THC, o cérebro se acostuma a funcionar em condições precárias e com um nível menor

---

[29] Trata-se de uma instituição segura para as pessoas que buscam melhorar relacionamentos familiares ou sociais. www.amorexigente.org.br

[30] Narcóticos Anônimos é uma associação comunitária de adictos a drogas em recuperação. www.na.org.br

de exigência. Produz o que é capaz de produzir e ponto. Como muitas pessoas não o solicitam no cotidiano e fazem muito aquém do que poderiam, acabam achando que esse estado é o seu natural.

Já atendi rapazes que fumavam de seis a oito baseados por dia, e os pais nem percebiam. Esse ritmo forte requer psicoterapia mais incisiva. Certos medicamentos auxiliam o jovem na redução do consumo. E se nem isso resolver, pode-se tentar o último recurso, a hospitalização em condições especiais.

Não se trata de um doente com distúrbios psiquiátricos, portanto não se recomenda interná-lo em clínicas psiquiátricas tradicionais. Se o filho quiser realmente se tratar, devem-se procurar clínicas especializadas no atendimento a drogados. Essa especialização exige cuidados psicológicos que acompanham o tratamento médico.

Quando ele quer parar de usar maconha, custe o sacrifício que custar, a família pode se valer das clínicas de auto-ajuda, sem finalidades lucrativas, como as que seguem os princípios do Amor Exigente. Também se faz necessário o trabalho com os pais e com o restante da família. Nesses casos, os índices de recuperação são melhores que os obtidos por hospitais clássicos e até mesmo pelas psicoterapias clássicas.

...utiliza outras drogas

Abordei até aqui o trabalho com a maconha porque ela tem sido a maior razão de me procurarem no consultório. Depois dela vem a bebida, inalantes, cocaína e *crack*. Raramente o cigarro é motivo de consulta.

Quanto maior o ímpeto com que a droga é usada, mais indisfarçável se torna seu uso. Quanto mais forte a droga, mais precocemente ela corrói a personalidade e traz alterações comportamentais antes mesmo do sofrimento físico, conseqüência direta da destruição do organismo. Caso exista a compulsão pela droga a ponto de o usuário não conseguir fazer mais nada sem a utilização dela, está na hora da internação hospitalar para cortá-la. Mas compete ao profissional fazer essa indicação.

A internação por uso de maconha não é comum. Com a cocaína, porém, os procedimentos são diferentes. No livro *Cocaína e crack: dos fundamentos ao tratamento*[31], os autores recomendam o tratamento hospitalar para dependentes de cocaína nas seguintes hipóteses, que também se aplicam aos usuários de *crack*:

1. Paciente com ameaça de suicídio ou comportamento autodestrutivo.
2. Paciente que ativamente ameaça a integridade física dos outros.
3. Paciente com sintomas psiquiátricos graves (psicose, depressão, mania).
4. Presença de complicações clínicas importantes.
5. Falhas recorrentes na promoção da abstinência em nível ambulatorial.
6. Paciente desprovido de suporte social, ou seja, relaciona-se exclusivamente com outros usuários.

---

[31] LEITE, Marcos da Costa; ANDRADE, Arthur Guerra. *Cocaína e crack: dos fundamentos ao tratamento*. São Paulo: Artmed, 1999.

...trata-se, mas não se cura

O vício adormece dentro do usuário. O corpo não esquece uma sensação de prazer. Ele a deixa registrada, e a busca desse prazer pode ser acionada a qualquer instante.

A maioria dos usuários já passou pela experiência de sair de casa disposta a não utilizar a "maldita droga" e amanhecer arrependido por tê-la usado. O vício desperta porque seu sono se tornou superficial ou porque o estímulo para acordar foi muito forte.

O álcool deixa leve o sono do vício e qualquer estímulo é suficiente para despertá-lo. Então, o vício volta com toda a força, como se nem tivesse adormecido.

Não é falta de personalidade nem de força de vontade. Pois tudo começou quando estava bebericando com os amigos. Tomava alguns inocentes copos de cerveja, que na sua cabeça não é droga. Ora, a cerveja contém álcool, que, mesmo em pequenas doses, deprime o superego e o controle dos impulsos. Liberado pelo álcool, passa a usar a droga sem sequer pensar no que está fazendo.

Campanha (falsa?) da boa imagem

É comum o usuário apresentar um comportamento exemplar para enganar os pais. Toma o extremo cuidado de não os desagradar, atende às mínimas solicitações deles e comporta-se como os pais sempre sonharam. Volta a sair com eles e fazem refeições juntos, por exemplo. Promete nunca mais usar a droga. Faz tudo para que os pais voltem a confiar nele. Essa campanha da boa imagem surge imediatamente depois que os pais o surpreendem com drogas. Acreditar mais em resultados do que em palavras. Não é porque ele se mostra arrependido, promete nunca mais usar drogas, chora "lágrimas sinceras", fica bonzinho-educado-agradável, que os pais devem devolver as regalias ou acreditar que o filho se recuperou. É preciso que o filho consiga e mantenha um desempenho escolar melhor que antes de começar com as drogas. Mudar de repente da água para o vinho é muito raro. A verdadeira mudança requer amadurecimento, que toma mais tempo que um piscar de olhos.

O melhor remédio é a responsabilidade. O trabalho é uma medida educativa para viver a relação custo–benefício que a droga destruiu. Os pais dificilmente conseguem estabelecer essa relação, portanto, melhor que os pais é um patrão, que pode e deve quantificar a relação trabalho–benefício.

Dinheiro
Quando pedir dinheiro, mas não merecer, os pais não têm por que dar. Podem até dizer que têm o dinheiro, mas não lhe dão porque não merece. Os pais não devem dizer não ter dinheiro se isso não for verdadeiro, principalmente porque deslocam o foco do problema. Há pais que temem ferir o filho dizendo que ele não merece e preferem poupá-lo argumentando que o problema é deles por não ter dinheiro. O fato é que o filho precisa realmente saber quanto a irmã merece por corresponder a todas as

responsabilidades dela e quanto ele próprio não merece. Pais que dão dinheiro ao filho usuário de drogas estão alimentando esse vício. Os pais precisam descobrir quais são os seus próprios comportamentos que alimentam o uso das drogas. Geralmente as concessões alimentam esse vício. Atendi pais que davam dinheiro ao filho para lanchar na escola. Essa atitude é bastante normal nas situações comuns e com filhos não-viciados. Mas, se o filho dorme o dia todo, sai às 19 horas de casa e janta depois que volta da escola, não há motivo para lhe dar dinheiro. O dinheiro dado pode estar sendo gasto com drogas.

Os pais não devem pagar as dívidas que o filho viciado faz com amigos e traficantes menores, pois esse comportamento, que aparentemente ajuda o filho, no fundo alimenta o vício. O credor que recebe o pagamento dos pais vai fazer questão de continuar vendendo a droga ao viciado.

Interesse pela escola
Se os pais valorizam o estudo do filho e tudo fazem para que continue na escola, mesmo que tenham de forçá-lo a estudar para todas as provas, o viciado pode usar esse interesse em seu favor. Diz que vai para a escola e aproveita para usar a droga. Quando os pais fazem qualquer restrição, ele os ameaça: "Então vou parar de estudar". Nesse caso, que pare de estudar e comece a trabalhar. Nenhum patrão no mundo vai tolerar que um empregado faça com ele o que o viciado faz com seus pais. Talvez essa relação seja mais educativa que todo o amor que os pais lhe dedicam.

Enfim, existem muitas maneiras de resolver a síndrome dos anjos caídos. Medidas que servem para uma família podem ser inadequadas para outra. É preciso que cada família atingida, por acertos e erros, encontre sua saída. Mesmo assim é importante conhecer o que outras famílias fizeram, adaptando a atitude ao próprio caso. O que importa é que todas as famílias têm condições de encontrar seu caminho. Caso não o encontrem, devem procurar ajuda de pessoas mais experientes, profissionais ou não.

Despertadores do vício: conhecer e evitar

Precisamos conhecer os despertadores do vício para poder controlá-lo melhor. Os mais comuns são:

1 Uso associado a alguma atividade. Por exemplo, acender um cigarro ao entrar no carro. Cada vez que entra ali, automaticamente o cérebro associa a idéia de fumar e, mesmo sem perceber, a pessoa acaba acendendo um cigarro.

2 Beber cerveja ao encontrar os "colegas de garrafa". Cada vez que está com os amigos, vem a vontade de beber. O encontro serve de aperitivo para a bebida. Amigos usuários mais álcool é uma combinação que pode despertar muito facilmente o vício.

3 Acender um baseado quando está sozinho em casa, após voltar do colégio, com a tarde pela frente. Se o jovem não tem o que fazer ou se a tarefa é chata (estudar, por exemplo), torna-se irresistível acender "unzinho".

4 Ver apetrechos de uso ou passar pelo local onde utilizou ou comprou a droga. No caso da cocaína, a visão da seringa pode estimular o vício de se injetar. Só de passar por um ponto de venda de *crack*, um usuário já tem o vício despertado.

Tratamentos médicos e psicológicos

Os jovens em geral são rebeldes às clássicas psicoterapias, mas quando usam drogas as resistências pioram e eles acabam criando verdadeiras batalhas em casa para não irem às consultas.

Quando há comprometimento relacional, psicológico ou físico, a consulta especializada se faz necessária. Cabe ao profissional especializado – médico, psiquiatra, psicólogo – fazer um bom diagnóstico e estabelecer um procedimento adequado. Os especialistas estão mais capacitados a utilizar, se necessário, medicamentos específicos. Há muito progresso no campo medicamentoso terapêutico.

Um exemplo é o surgimento do *ReVia*® (cloridrato de naltrexona), que reduz a vontade de beber porque impede a liberação da dopamina e da betaendorfina no cérebro quando a pessoa consome álcool. Sem essas substâncias opióides atuando nos neurônios, a sensação de prazer provocada pela bebida desaparece, e assim o vício diminui. O *ReVia*® é diferente do *Antietanol*® porque este não diminui a vontade de beber, mas provoca reações violentas no organismo se a pessoa consumir álcool simultaneamente ao uso do medicamento. Com medo, o paciente não bebe.

Lutando contra o cigarro

Passo a seguir algumas orientações possíveis de ser aplicadas por qualquer pessoa que queira parar de fumar sozinha. São dicas para dificultar o gesto automático de fumar, tornando-o consciente:

1. Ter certeza de que quer fumar e não acender um cigarro automaticamente, ou seja, pensar muito bem se de fato precisa fumar ou se pode deixar para mais tarde.
2. Parar de comprar cigarros.
3. Não comprar um maço de modo algum enquanto não acabar o último cigarro, mesmo que seja tarde da noite ou véspera de uma viagem.
4. Quando não tiver cigarro, usar dignidade para não ficar catando bitucas pelos cinzeiros e lixos, seja de onde for.
5. Não ter fósforo, isqueiro, fogo por perto.
6. Desfazer-se do isqueiro lindo que ganhou da namorada, ou roubou de alguém, ou pegou de herança etc. Enfim, largar aquilo de que gosta. Já atendi pessoas cujo gesto de obter a chama de um isqueiro ou acender o fósforo era ritualizado. Mesmo quando não há vento, protegem a chama com a outra mão enquanto o cigarro aguarda ser aceso já preso nos lábios. O "som" (ruído) característico, obtido ao se abrir determinado isqueiro, também pode ser prazeroso.
7. Jogar o cinzeiro fora para dificultar o trabalho na hora de bater as cinzas em lugar adequado.
8. Colocar o maço de cigarros num lugar que dê trabalho

para alcançar; não andar com o maço no bolso nem deixá-lo na cabeceira, na escrivaninha etc.
9 Se possível, colocar o maço em outro quarto, na garagem, no banheiro da empregada etc.
10 Não acender o cigarro só porque ficou com vontade ao ver alguém acendendo ou fumando um.
11 Demorar o máximo possível com o cigarro na mão antes de acendê-lo.
12 Dar no máximo três tragadas em cada cigarro, mesmo que o jogue fora quase inteiro.
13 Envergonhar-se de fumar.
14 Questionar se vale a pena fumar, mesmo que corra o risco de morrer como aquele parente que teve dores, permaneceu acamado, emagreceu, fez radioterapia, ficou feio e, além de fazer a família sofrer, gastou o que tinha e... acabou falecendo.
15 Lembrar que nas escolas o cigarro é proibido pela Lei 9760/97.

Se essa luta íntima contra o cigarro não der certo, ainda há muitas esperanças de cura para esse vício. Psicoterapias, grupos de auto-ajuda e recursos médicos, como nicotina em adesivos e antidepressivos, são meios muito eficazes.

Onde obter apoio

Uma das grandes forças de grupos de auto-ajuda como os AA (Alcoólicos Anônimos), os NA (Narcóticos Anônimos) e os do Amor Exigente é o cuidado constante que os usuários de drogas e os familiares têm, cientes de que a qualquer momento o vício pode ser despertado e começar tudo outra vez, como se não tivesse adormecido. Para os AA, todo dia é um dia de luta e cada momento merece atenção especial, pois se nesse instante falhar a máxima "Hoje não vou beber nada", tudo terá de recomeçar do zero... Para chegar a essa máxima, busca-se um crescimento interior guiado pelos Doze Passos, pelos quais se admite a própria vulnerabilidade ao álcool e se pratica uma singela oração: "Concedei-nos, Senhor, a serenidade necessária para aceitar as coisas que não podemos modificar, coragem para modificar aquelas que podemos e sabedoria para distinguir umas das outras".

No Amor Exigente, são dez princípios que estimulam as famílias dos usuários de drogas a ser firmes e conscientes na luta contra as drogas. A mensagem principal dos pais ao filho usuário é: "Nós o amamos, mas não aceitamos o que você faz".

Só a internação não resolve

Filhos ameaçam os pais, se estes os internarem... Pais temem ficar longe do filho, que tem que ser isolado... Filhos fogem do hospital... Famílias precisam de apoio para acompanhar o filho...

Em casos graves, quando o usuário está muito comprometido, a internação hospitalar é necessária e fundamental para dar início à recuperação. Para esse fim, os hospitais funcionam bem.

Depois da alta, o apoio de grupos de auto-ajuda é excelente. Os "padrinhos" que adotam um novo usuário cuidam dele como se fosse um filho. A única obrigação desse "filho" é ligar para o "padrinho" quando a vontade de usar a droga começar a ser despertada. A força da coletividade age sobre o indivíduo necessitado.

Não há psicoterapias nem internações que garantam uma proteção tão grande e tão empenhada quanto a que esses grupos oferecem. E, se houver, pode se tornar inviável para a maioria da população pelo seu alto custo.

Acrescento às orientações de todos esses grupos uma contribuição:

O único controle que temos sobre a droga é não usá-la.

12 O melhor é a prevenção

Muito se tem feito nos últimos tempos para que as pessoas se previnam contra o uso de drogas. Mas também muito se tem feito, legal e ilegalmente, para que elas sejam usadas. O resultado final é que as pessoas consomem cada vez mais drogas.

E se não existisse nenhum trabalho de prevenção? Teria o povo descoberto o mal que fazem as drogas de tanto ver usuários morrer, e assim elas seriam naturalmente evitadas? Ou será que, a exemplo do que acontece durante epidemias catastróficas, cada um lutaria para salvar as pessoas queridas? Pois acredito que estamos vivendo esta segunda hipótese.

Usar drogas significa, em primeira instância, buscar prazer. É muito difícil lutar contra o prazer, porque foi ele que sempre norteou o comportamento dos seres vivos para se autopreservarem e perpetuarem sua espécie. Essa busca de prazer como novidade ou a repetição de um prazer já vivido está inscrito no nosso cérebro por meio do mecanismo do circuito da recompensa.

Para a sobrevivência, o bom e o gostoso entrariam na mesma categoria, assim como todo desprazer significaria a vida sendo ameaçada – portanto, é algo ruim. A droga provoca o prazer, que engana o organismo, que então passa a querê-la mais, como se fosse bom. Mas o prazer provocado pela droga não é nada bom, pois ela mais destrói a vida que ajuda na sobrevivência. Se uma pessoa fizer tudo o que tem vontade de fazer, vai querer sempre o prazer, o que significa usar droga outra vez, outra vez.

A prevenção tem de mostrar a diferença entre o *que é gostoso e o que é bom*. Nem sempre o gostoso é bom, como no uso das drogas. O gostoso pode ser ruim, como no caso do diabético que come um doce bastante açucarado. Nem sempre o desagradável é ruim. Ninguém gosta de tomar injeção de antibiótico, mas se não houver outra saída, a pessoa sofre a desagradável sensação de ser espetada por uma agulha, pois sabe que o antibiótico é para o seu bem.

Todo usuário e principalmente sua família têm arcado com as conseqüências decorrentes desse tipo de busca de prazer. Pela disposição de querer ajudar outras pessoas, parte da sociedade procura caminhos para prevenir o maior mal evitável deste início de milênio. Cada grupo à sua maneira. Todos os caminhos são válidos quando o objetivo de evitar o uso das drogas é atingido. Mas não há caminho que sirva para todos. O que serve para uns, talvez não sirva para outros.

Caminhos disponíveis

Vou enumerar alguns caminhos conhecidos, com suas fundamentações e restrições:

1 **Caminho do medo.** Os jovens não se aproximarão das drogas se as temerem. Para criar o medo, basta mostrar somente o lado negativo das drogas. Pode funcionar com as crianças enquanto elas acreditarem nos adultos, mas é de pouca eficiência para o jovem.

2 **Caminho das informações científicas.** Quanto mais uma pessoa souber sobre drogas, mais condições ela terá para decidir usá-las ou não. Uma informação pode ser trocada por outra mais convincente, que atenda aos interesses imediatos da pessoa.

3 **Caminho da legalidade.** Não se deve usar drogas porque elas são ilegais. Mas e as drogas legais? E todas as substâncias adquiridas livremente que podem ser transformadas em drogas? Devemos analisar todas as variantes.

4 **Caminho do princípio moral.** A droga fere os princípios éticos e morais saudáveis. Esses valores entram em crise exatamente na juventude.

5 **Caminho do maior controle da vida dos jovens.** Mais vigiados pelos pais e professores, os jovens teriam maiores dificuldades em se aproximar das drogas. Só que isso não é totalmente verdadeiro. Não adianta proteger quem não se defende.

6 **Caminho do afeto.** Quem recebe muito amor não sente necessidade de drogas. Droga é usufruir prazer sem ter

de devolver nada. E fica aleijado afetivamente quem só recebe amor e não o retribui.

7 **Caminho da auto-estima.** Quem tem boa auto-estima não engole qualquer "porcaria". Ocorre que algumas drogas não são consideradas "porcarias", mas "aditivos" para curtir melhor a vida.

8 **Caminho do esporte.** Durante a prática esportiva geralmente não se usam drogas. Porém, não é isso o que a sociedade tem presenciado. Reis do esporte perdem sua majestade mergulhando muitas vezes em drogas.

9 **Da união dos vários caminhos.** É um caminho composto de vários outros, cada qual com sua própria indicação. Cada jovem escolhe o mais adequado para si mesmo. Por enquanto, é o que tem dado os resultados mais satisfatórios.

10 **Caminho da Integração Relacional.** É a minha contribuição para enriquecer os outros caminhos. Nesse trajeto, o jovem é uma pessoa integrada consigo mesma (corpo e psique), com as pessoas com as quais se relaciona (integração social) e com o ecossistema (ambiente), valorizando a disciplina, a gratidão, a religiosidade, a ética e a cidadania.

Como falar a respeito das drogas

O objetivo de qualquer iniciativa de prevenção é afastar os filhos ou os alunos das drogas. Mas a forma de abordar o tema tem de mudar conforme a etapa de desenvolvimento. Não se pode usar a mesma linguagem para todas as idades.

Prevenção na infância é passar a idéia de que droga é ruim, prejudica e mata as pessoas. Se fosse coisa boa, não teria esse nome. Tanto é verdade que, quando algo dá errado, dizemos: "Que droga!".

A criança precisa dos parâmetros dos adultos, mesmo que não os entenda. Tem de receber respostas prontas. Ainda não está na fase de formular respostas para questões tão complicadas quanto essa. Uma criança saudável aceita quando os pais recomendam "diga não às drogas" ou quando fazem caretas e gestos reprovando o uso quando muito pequena.

A puberdade marca um período de grande transformação corporal. Os púberes despem-se da infância e procuram proteção pela auto-afirmação. Como estão se abrindo para o mundo e ativos na busca de informações, é importante que as escolas realizem trabalhos de esclarecimento sobre drogas. Depois, muitos podem querer mostrar os conhecimentos recém-adquiridos. E nada melhor para a educação relacional do que os filhos serem professores e terem os pais como alunos. Ensinar é um gesto de amor, os filhos têm a chance de amar concretamente os pais, ensinando o que sabe sobre as drogas e vice-versa. O banho de hormônios pode levar o púbere a "fechar a porta" dentro de si, portanto os pais não podem deixar de tocar no assunto, devem aproveitar toda oportunidade para conversar sobre drogas. A essa altura o filho já está recebendo informações de outras fontes, que os pais nem sabem direito quais são.

Abrir a cabeça

Quando chega a adolescência, não é mais época de os pais ficarem fazendo pregação. O adolescente precisa sentir que participa da construção do seu conhecimento. Não aceita tudo passivamente. Além do que ouve dos pais, recebe muitas informações transmitidas pelos amigos ou conhecidos usuários de drogas. É natural nessa fase que os amigos sejam mais importantes do que a família. O que não é normal é só se ligar na turma e não ter a mínima consideração pelos pais. Ou não ter um amigo. O ideal é o livre trânsito entre os dois contextos.

A embriaguez relacional é um dos principais motivos para experimentar drogas. Por mais que a família proteja o adolescente, em contato com a turma ele não irá se defender

Segundo preceitos da Teoria Integração Relacional, duas pessoas compõem um relacionamento como se fosse um valor maior que cada uma das duas. Esse relacionamento é composto pelas características dos dois, que passam a valer mais que a individual. Se o relacionamento aceita drogas, é provável que quem não usa acabe usando a droga. Na juventude, tal relacionamento é composto pelos integrantes da turma, daí a força da turma sobre cada um dos jovens. Cada um vai manifestar essa força como se fosse sua dentro de sua casa, principalmente com seus próprios pais.

É preciso que o jovem tenha valores internos fortemente ancorados para não se submeter aos valores da turma. É sempre tempo para se construírem tais valores internos. Os melhores momentos são durante a infância, os momentos mais difíceis são na juventude. A pessoa madura já possui maior autonomia pessoal e, quanto mais se afastar da família, mais irá se conjugar com o ponto de vista da turma, ocorrendo aí a embriaguez relacional. De tanto conviver com pessoas ligadas à droga, acaba ligando-se também: torna-se favorável ao uso ou conivente com ele. Assim, não dá simplesmente para dizer que a droga faz mal. É preciso usar argumentos mais elaborados e inteligentes para convencer o adolescente. Este, por sua vez, tem que fazer perguntas. Do contrário, é bem provável que nem esteja ouvindo. O adolescente precisa de liberdade para checar os conhecimentos, contrapor os dados que reuniu. O objetivo da prevenção não é despejar sobre ele uma enciclopédia de informações, mas abrir sua cabeça – e colocá-la para pensar.

O que é preciso mudar

Para que a educação produza efeito, tem de haver coerência, constância e conseqüência na atitude dos pais. O comportamento se estabelece como um cego se organiza num ambiente. Se a posição física dos móveis e objetos muda sempre, o cego não consegue se situar. A mesa deve ficar sempre no mesmo lugar para servir de referência. Se os pais mantiverem firme sua posição, servirão de referência à organização interna dos filhos.

O sentimento de pertencer é um dos pilares da religiosidade, princípio fundamental da civilização.

A criança e o adolescente precisam saber que a família está em primeiro lugar. Cada componente é importante, mas nenhum deles vale mais do que a família como um todo. Se cada um respeita o espírito familiar, que é composto deles mesmos, estabelece dentro de si um mecanismo hierárquico de valores. Ele sente pertencer a uma estrutura que o fortalece. É membro integrante e cooperativo de um lar, e não um simples beneficiário com a obrigação exclusiva de estudar. Assim se pratica a religiosidade familiar. Por isso é que insisto em dizer: a religião é construção do ser humano, enquanto a religiosidade a precede; porque faz parte do ser humano ser gregário, isto é, viver em grupo. Religiosidade é o sentimento, que já nasce com o indivíduo, de gente gostar de gente.

Para desenvolver a gratidão, a criança tem de sentir necessidade de algo. Quando o que se ganha se encaixa numa necessidade ou aspiração, a alegria e a satisfação são muito maiores que quando se recebe algo desnecessário.

Disciplina é uma qualidade de vida que o ser humano desenvolve desde criança para viver melhor. Se desde pequena a criança a compreender será mais competente em tudo o que fizer, porque saberá que tudo tem um começo, meio e fim, compreenderá o princípio do custo–benefício, terá liberdade com responsabilidade, portanto com maior autonomia. Assim se conquista a liberdade com responsabilidade. Disciplina nada mais é do que a capacidade organizacional de bem resolver as questões do dia-a-dia.

Se a criança aprender desde cedo a respeitar seus pais, não somente porque são pais, mas porque são seres humanos, ela aprende a respeitar outras pessoas. Se no respeito houver a prática do princípio de não fazer mal às pessoas, ela aprende com mais facilidade a não fazer mal a ninguém, mesmo na ausência das pessoas. Aprende com mais facilidade a não fazer mal a si mesma nem a aceitar que lhe façam mal. Esse é o princípio ético que se estabelece como um valor interno. Uma pessoa com valores internos como disciplina, gratidão, religiosidade e ética dificilmente será um usuário de drogas.

A base da auto-estima

Quem tem boa auto-estima faz por si mesmo o que faria pela pessoa amada. É principalmente a estrutura interna que dá segurança ao jovem de enfrentar as naturais e extraordinárias situações inusitadas que a vida lhe apresenta. Ao sair em grupo, um jovem com boa auto-estima não participa de algo que não faria se estivesse sozinho. Quando uma turma queima um índio ou espanca um inocente garçom até a morte, isso significa que nenhum de seus integrantes teve auto-estima suficientemente boa para impedir tal atrocidade. Se um deles interviesse, levando os demais a avaliar o que estavam fazendo, provavelmente o índio e o garçom não morreriam. Bastaria que somente um na turma tivesse boa auto-estima.

O vínculo familiar, que dá ao jovem a sensação de que pertence a seu grupo, também alimenta a auto-estima, protegendo-o contra a "embriaguez relacional". Como um torcedor fanático, que jamais aceitará torcer para o time adversário, também um jovem com boa auto-estima familiar não troca a família por uma turma qualquer, principalmente de usuários de drogas. Em síntese, para se defender das drogas, a criança e o adolescente precisam gostar de si mesmos e respeitar a si mesmos, tendo as informações verdadeiras sobre as drogas.

Química cerebral

Até há alguns anos, pensava-se que fraqueza de caráter e dificuldades para se relacionar socialmente fossem os motivos que conduziam certas pessoas ao vício, até então considerado um desvio de personalidade. Pesquisas demonstraram que a raiz do problema é outra. E, aos poucos, os cientistas foram descobrindo por que determinadas substâncias têm o poder de propiciar momentos tão intensos e fugazes de felicidade artificial que viciam.

A explicação está na química cerebral. As drogas competem com os neurotransmissores, produzindo sensações tão agradáveis e recompensadoras que o dependente tende a procurá-las novamente e cada vez mais, não se importando com o preço a pagar.

Estudos indicam que pessoas com deficiência na produção ou na liberação de dopamina (o principal mensageiro químico ou neurotransmissor produzido pelo cérebro para transmitir a sensação de prazer) são mais predispostas ao vício, busca de drogas ou de emoções fortes. Isso explica por que alguns indivíduos circulam pelo vício. Abandonam o álcool e se tornam dependentes do fumo. Largam o fumo e passam a depender da comida.

Desse modo, o início do uso de uma droga depende, na maioria das vezes, da vontade da pessoa. Depois da primeira vez, quem comanda a cena é a química dos neurotransmissores, pois seu natural equilíbrio fisiológico foi desregulado, acarretando modificações neurológicas, psíquicas, psicológicas e biológicas no organismo. O dependente é um doente químico, por isso precisa de tratamento.

Ainda que não cheguem a se viciar, os usuários de drogas são doentes de comportamento e prejudicam não apenas a si mesmos mas a todos os que se relacionam com eles: os pais sofrem decepções e têm de arcar com os prejuízos materiais; a escola perde seu aluno; a empresa perde com a queda de rendimento deles; a sociedade não pode contar com sua cooperação na solução dos problemas comuns. Mais seguro do que correr para neutralizar os prejuízos é antecipar-se ao uso de drogas investindo na sua prevenção. Mesmo porque as drogas estão entre nós. Houve um tempo em que se escutava falar de alguém distante envolvido com elas. Hoje, todo mundo conhece alguém, às vezes da própria família, que seguiu essa perigosa trilha.

Mãos à obra!

Chegou a hora de agir. Não podemos mais permitir que a sociedade continue perdendo para as drogas. Como não se acaba com as formigas com tiros de canhão, também não se acaba com as drogas por meio de grandes medidas. Custa muito menos e é muito mais eficiente aumentarmos a competência de cada cidadão para lutar contra o uso abusivo de drogas.

Para transformar essa realidade, precisamos ter conhecimento de cinco pontos essenciais:

1 **Não adianta defender quem não se protege.** A melhor proteção é a que se baseia em si mesmo, em seus próprios valores, em seus relacionamentos. Além de não se proteger, os jovens hoje também buscam ativamente experimentar drogas.

2 **Muitos inverteram a ordem dos valores.** Algo visto como sendo menos mau é tido como bom. Daí o uso da maconha passar a ser considerado tão normal. Para muitos jovens, usar drogas passou a ser apenas questão de opinião e não mais um problema de saúde.

3 **Prevenção em sistema "net" com os filhos.** Em tempos de globalização, não adianta cuidar somente do próprio filho e descuidar da sua turma. É praticamente impossível trocar a rede de relacionamentos dos filhos, portanto é preciso trabalhar também com a turma deles.

4 **Pais e educadores devem fazer parte da rede.** Como os pais de um não podem nem devem arcar com tudo, é preciso que todos os pais dos amigos do filho também se relacionem, formando a educação do tipo sistema de rede relacional.

5 **São os cidadãos que produzem drogas e seus consumidores.** As drogas não surgem do nada, nem vem de outros

planetas. As drogas são produzidas por nós mesmos, que as distribuímos e as consumimos.

Só conseguiremos vencer as drogas se passarmos a enfrentá-las. Isso requer competência. Cada cidadão pode se capacitar, aumentando seus conhecimentos, e manifestar seu posicionamento contra os abusos sempre que necessário através de uma ação interventiva. Essa ação pode ser desde interferir diretamente com o usuário para que não use e/ou contatar seus responsáveis (rede de pais).

Agir mesmo que seja o usuário um desconhecido, pois seu filho poderia ser um desconhecido para um outro cidadão que poderia intervir como você estaria fazendo.

Maior competência, melhores resultados

Recursos para melhorar a competência para defender a saúde e a qualidade de vida do cidadão.

1 **Estudar** as drogas em fontes dignas de confiança com relação a: efeitos imediatos e de longo prazo; sensações provocadas; usos, sinais e disfarces.

2 **Entender** as etapas do desenvolvimento dos filhos (infância, puberdade e adolescência), com suas características próprias e pontos de vulnerabilidade às drogas.

3 **Conhecer** as falhas da educação atual: crianças de 0 a 10 anos tendem a se tornar mais vulneráveis às drogas,

pois funcionam como analfabetos relacionais. É quando começam a ser "paqueradas" pelas drogas.

4   **Aprender** o alfabeto relacional: o seguro que protege nossos filhos das drogas é o mesmo que irá nos proteger da solidão na velhice.

5   **Compreender** como as drogas exercem o poder de sedução.

6   **Identificar** os sintomas mais comuns do uso.

7   **Saber como agir** quando há suspeitas de que o filho esteja usando droga.

8   **Saber o que fazer** ao descobrir que o filho usa droga.

9   **Saber a providência a tomar** quando ele anda com usuários.

10 **Interferir pessoalmente** quando vê alguém usando drogas e até mesmo avisar os pais do usuário – fazer para outros o que gostaria que fizessem para você.

11 **Não se iludir:** o vício não é problema exclusivo do jovem. Atinge toda a sociedade e, principalmente, sua própria família.

12 **Se acontecer** com você, busque auxílio de um especialista. É ele que determina o tratamento a ser realizado. A família é co-participante da solução do problema.

13 Dispor-se a outros procedimentos pessoais após o tratamento do usuário de drogas. Muitas vezes a família também precisa de ajuda.

14 Estar sempre atento: vício se trata, mas não se cura. O vício pode até entrar em coma, conforme a pancada que levar. Do coma o vício pode sair.

. . .

Onde reina a ignorância sobram preconceitos e condutas inadequadas. E, no meio da confusão, as drogas seguem assediando e seduzindo, corroendo relações, atrapalhando ou, pior, abreviando vidas, enquanto empurram os jovens, lenta ou rapidamente, em direção ao abismo. Os educadores não podem se furtar à tarefa de trabalhar para afastar os jovens, cada vez mais, do fundo do poço. A capacitação é necessária porque os resultados são melhores quando se enfrenta algo que se conhece.

Os seres humanos tornam-se mais fortes e protegidos quando sentem que realmente pertencem a um grupo. O primeiro grupo da vida é a família. Quando uma criança não se sente pertencente à família, a sua auto-estima cai a níveis insuportáveis, a ponto de procurar quem a "adote".

Existem campanhas que orientam os pais a cuidar dos filhos antes que o traficante os adote. A criança que sente pertencer à família suporta contrariedades porque carrega dentro dela a segurança de que sua família a ama.

Quem tem a família dentro de si não precisa ficar grudado nela. Ele leva para a escola e para a sociedade essa segurança. O sentimento de pertencer dá ao ser humano o sentido de existência individual e social. Ele é tão importante que a pessoa que o tem forte dentro de si não cede a nenhuma droga, pois introjeta os valores estabelecidos pelo grupo. E isso é parte da felicidade.

Quem é feliz não usa drogas!

As drogas mais freqüentes:

sintomas, usos e tratamentos

Esta parte do livro se destina a pais, mestres e todos os interessados em conhecer melhor uma parte do mundo das drogas, para que, em conjunto, dentro dos princípios relacionais, se possa lutar contra elas.

As drogas mais freqüentes são: Álcool – Tabaco – Inalantes e solventes – Tranqüilizantes ou Ansiolíticos ou Benzodiazepínicos – Anfetamina (*Ecstasy*, Efedrina, GHB, Ice, Poppers, *Speed*) – Maconha (Haxixe, Skank) – Cocaína/*crack* – Alucinógenos (Akineton®, Benflogin®, chás de Santo-Daime, chás de lírios, cogumelos, LSD, PCP, Cetamina) – Esteróides e Anabolizantes – Indutores do sono – Opiáceos (Heroína e Morfina).

Álcool

Generalidades

A droga mais usada pela juventude é o álcool e o tabaco está em segundo lugar. A venda do álcool é parcialmente legalizada, pois sua venda só é proibida, mas não cumprida, para menores de 18 anos e nas imediações das escolas. O álcool é a segunda maior causa de mortes na juventude (trânsito e violências) e muito associado a comportamentos violentos como agressão, suicídio, abuso sexual, assaltos etc. Os alcoólatras ocupam 90% dos leitos hospitalares destinados à dependência química. Nas grandes cidades brasileiras (com mais de 200 mil habitantes), 11% da população é dependente de álcool.

Segundo pesquisa realizada em 2004 pelo CEBRID – Centro Brasileiro de Informações sobre Drogas Psicotrópicas da Universidade Federal de São Paulo, Departamento de Psicobiologia, em 27 capitais brasileiras (totalizando 48.155 entrevistas), a média de idade do primeiro uso de álcool é de 12,5 anos de idade, com desvio-padrão de 2,1 anos. O álcool é, assim, a droga mais utilizada pelos jovens, consumida por 65,2% dos estudantes do Ensino Fundamental e Médio da rede pública nas 27 capitais brasileiras.

O álcool é sempre depressor do Sistema Nervoso Central (SNC). Em pequenas quantidades deprime o superego – responsável pela ética e por condutas sociais adequadas, tornando as pessoas aparentemente mais livres e eufóricas.

A cerveja contém 5% de álcool, apesar de ser ingerida quase como refrigerante. Já atendi jovens que dizem que não bebem, só tomam "umas cervejinhas". Duas latas de cerveja, para lembrarmos, equivale a uma dose de uísque ou duas taças de vinho. Portanto, cerveja também embriaga seus usuários.

Onde e como é adquirido
Em supermercados, mercadinhos, vendas, bares, padarias, na própria casa. Existem até carrinhos de bebidas nas imediações dos locais onde acontecem as baladas, tais e quais os de pipoca.

Onde e como é usado
Em festas, bares, botecos, restaurantes, postos de gasolina com lojas de conveniência, comemorações, baladas, luaus, semana de jogos universitários, churrascos de finais de semana com amigos, farras com amigos etc. Está na moda os jovens beberem no "esquenta" – uma espécie de reunião para "esquentar do frio" ou para aquecer antes de irem a um outro local...

Sinais imediatos e disfarces do uso
Os efeitos do álcool no organismo e na psique surgem rapidamente após a ingestão. Em pequena quantidade, o álcool produz sensação de bem-estar, euforia, desinibição, loquacidade, taquicardia, ruborização, aumento de pressão arterial. O usuário já não tem tanto controle do seu comportamento, que começa a se tornar inadequado e incontrolável. Conforme aumenta o nível de álcool no sangue, acrescem-se os sinais psíquicos e pioram os efeitos físicos, sobrevindo um quadro geralmente depressivo, com aumento de agressividade; já não há total controle motor. Se o nível de álcool continuar aumentando, pode ocorrer o coma.

Não há muito como disfarçar os sinais que o uso do álcool provoca na pessoa, mesmo que ele consiga esconder o processo de beber. O álcool é viciante, pois provoca a vontade de beber cada vez mais, desenvolve a tolerância e a síndrome de abstinência. A quantidade de álcool ingerida é proporcional aos acidentes de trânsito. Veja o quadro a seguir[32]:

QUANTIDADE DE BEBIDA	NÍVEL DE ÁLCOOL NO SANGUE: G/L	ALTERAÇÕES NO ORGANISMO	POSSIBILIDADE DE ACIDENTE
2 latas de cerveja 2 taças de vinho 1 dose de uísque	0,1 a 0,5	Mudança na percepção de velocidade, distância e limites permitidos por lei	Cresce o risco
3 latas de cerveja 3 taças de vinho 1,5 dose de uísque	0,6 a 0,9	Estado de euforia, com redução da atenção, julgamento e controle	Duplica
5 latas de cerveja 5 taças de vinho 2,5 doses de uísque	1 a 1,4	Condução perigosa devido à demora de reação e à alteração dos reflexos	É seis vezes maior
7 latas de cerveja 7 taças de vinho 3,5 doses de uísque	Acima de 1,5	Motorista sofre confusão mental e vertigens. Mal fica em pé e tem visão dupla	Aumenta 25 vezes

[32] Os dados são pensados para uma pessoa que pesa 70 quilos e variam conforme a velocidade de ingestão da bebida e o metabolismo de cada indivíduo.

Sintomas e conseqüências do uso crônico

No SNC (Sistema Nervoso Central): intoxicação crônica levando a embrutecimento do psiquismo; psicoses alcoólicas com quadros alucinatórios e delirantes; diminuição de memória de fixação e evocação; desorientação temporal e espacial; fabulação (invenção de histórias para preencher falhas de memória, alterações comportamentais com prejuízo na vida profissional, social, familiar, pessoal e sexual; delírio de ciúme por sua própria impotência sexual, mesmo a sua companheira sendo uma "santa".

No sistema digestivo: esofagite; refluxo esofágico; gastrite; úlceras agudas e crônicas; diarréias e vômitos agudos e crônicos; sangramentos; distúrbios nutritivos e quadros carenciais de vitaminas e sais minerais.

Fígado e Pâncreas: infiltração gordurosa que leva à cirrose hepática; hepatite aguda; câncer de fígado, sendo o carcinoma hepatocelular o mais freqüente; em 93,5% das pancreatites agudas e nas pancreatites crônicas, o álcool é o maior causador.

Coração e Pressão arterial: miocardite alcoólica por intoxicação direta do álcool; taquicardia; aumento de pressão arterial que regride em poucas semanas de abstinência.

Câncer: danos na mucosa gástrica e supressão do sistema imunológico podem provocar câncer de boca, de laringe, de faringe, de esôfago, de estômago, de fígado, de pâncreas, de intestinos e dos pulmões.

Síndrome de abstinência

Delirium tremen. É uma grave síndrome psicótica de abstinência alcoólica; muito freqüente no alcoolismo crônico, caracterizada por intensa excitação psíquica, com estado confusional, inúmeras e violentas alucinações visuais e táteis, de conteúdo terrível, tornando o jovem muito agitado e agressivo. É a falta de álcool no organismo.

Tratamento

Para as complicações físicas, de acordo com os órgãos atingidos, é necessária a indicação de um médico clínico especializado. Das alterações psiquiátricas, cuida um psiquiatra clínico. Todas as internações têm que ser indicadas por profissionais da área médica. Das alterações psicológicas e comportamentais sem complicações físicas, cuida um psicoterapeuta especializado em tratamento de usuários de álcool e drogas. E, a qualquer momento, são indicados como auxiliares os grupos de auto-ajuda. Freqüentemente esses grupos passam a ser essenciais, de acordo com o perfil do usuário e de seus familiares. Existem alguns medicamentos que, associados a tratamentos psicológicos, apresentam resultados animadores: dissulfiram (Antietanol®, Sarcoton®) e naltrexona (Revia®). Tais medicamentos têm que ser prescritos e orientados por psiquiatras especializados em tratamento de usuários de drogas.

Tabaco

Generalidades

Cigarro industrializado é uma das formas mais consumidas do tabaco, principal causa evitável de morte prematura. Morrem, a cada ano, 4 milhões de pessoas no mundo por sua causa, segundo a Organização Mundial da Saúde. A nicotina é seu princípio ativo, psicotrópico que causa dependência física e psíquica. Contém ainda mais de 4.720 substâncias, que são inaladas juntas. Atinge também os fumantes passivos que estiverem por perto, que apresentam 30% a mais de câncer de pulmão do que os que estão longe da fumaça.

A nicotina, em associação com anticoncepcionais, provoca câncer e doenças cardiovasculares; na gravidez atravessa a barreira placentária e atinge o feto, retardando o seu desenvolvimento. Geralmente os bebês nascem com peso mais baixo que o normal e estão mais sujeitos a ter morte súbita e outras doenças perinatais e neonatais que os de mães não-fumantes. Entretanto, o que é mais grave é a alta freqüência de abortos em gestantes fumantes. Quanto menores forem os filhos que conviverem com fumantes, maior o índice de doenças pulmonares, alergias, bronquites.

Segundo o CEBRID 2004 (pela pesquisa já citada anteriormente em generalidades sobre o uso do álcool), a idade média do primeiro uso do tabaco é 12,8 anos de idade, com desvio padrão de 2,1 anos. Pela mesma pesquisa, a segunda droga mais usada na vida é o tabaco, com 24,9%.

Onde e como é adquirido

O cigarro é comprado em maços de vinte unidades cada em qualquer casa comercial, mas também pode ser comprado por unidades por vendedores ambulantes nas ruas. É comum crianças e até adolescentes roubarem cigarros de maços dos adultos em casa.

Onde e como é usado

Antigamente, quando um tabagista fumava, era considerado um gesto educado oferecer cigarros aos presentes, e os fumantes passivos não reclamavam. Hoje é considerado falta de educação fumar na presença de não-fumantes, e estes reclamam muito. Há uma grande restrição de área de fumantes em todo o mundo. Há países onde não se pode fumar dentro de edifícios e lugares fechados.

Sinais imediatos e disfarces do uso

A não ser pelo cheiro, pouco se percebe que uma pessoa tenha acabado de fumar. A fumaça do cigarro adere em superfícies com temperaturas baixas, como roupas, cabelos, sofás, poltronas etc. De perto, percebe-se na expiração do fumante o cheiro de tabaco.

A nicotina aspirada é absorvida pelos pulmões e chega ao cérebro em menos de dez segundos, e seus efeitos, em menos de um minuto: sensações de prazer e bem-estar, aumento do estado de alerta, sensação de aumento de concentração e de energia, diminuição do apetite, taquicardia e aumento de pressão arterial. São sintomas semelhantes aos provocados pelas anfetaminas e cocaína. Logo nas próximas tragadas, tais efeitos diminuem, pois em menos de um minuto a nicotina sacia a necessidade do organismo.

Sintomas do uso crônico

A nicotina cria rapidamente dependência química. A maior parte dos danos físicos é provocada pelo monóxido de carbono e pelos constituintes do alcatrão. Em pouco tempo, desenvolve-se a tolerância. Entre os neurônios, desenvolve-se a inativação parcial dos receptores de nicotina e a dessensibilização de receptores de dopamina, neurotransmissor do prazer. Significa que o tabagista sente cada vez menos prazer ao fumar, mas fuma por sentir falta da nicotina no seu organismo. Isto é, o sistema de recompensa deixa de presentear com prazer o ato de fumar, que passa a ocorrer para aliviar a síndrome de abstinência da nicotina.

Quase 30% de todos os casos de câncer são causados pelo tabaco. Cerca de 85% de cânceres de pulmão provêm do tabaco, assim como os de boca, de faringe, de laringe, de esôfago, de bexiga, de pâncreas e de rins, órgãos que não têm contato direto com a fumaça. De 70 a 90% das bronquites e enfisema pulmonares e 20 a 30% dos infartos, além de uma significativa quantidade de arteriopatias periféricas e aneurismas da aorta, muitas gastrites, úlceras de estômago, de duodeno e infecções respiratórias são também conseqüências de seu uso.

Síndrome de abstinência

A falta da nicotina produz dificuldade de manter a concentração e a vivacidade, deixando o jovem irritável, ansioso, com sintomas depressivos; aumenta o apetite, ocorre sonolência de dia e falta de sono à noite. O auge desses sintomas ocorre do segundo ao quarto dia da abstinência, começando a melhorar depois de uma semana, mas os sintomas residuais podem permanecer até por meio ano.

Atendi uma pessoa que, após quinze anos sem fumar, numa festa aceitou um cigarro de um amigo e, em dois dias, já estava fumando como se nunca tivesse parado de fumar. O vício estava apenas adormecido dentro dela durante esse tempo todo.

Tratamentos

Os resultados dependem muito do perfil do dependente químico. Há pessoas que param de fumar subitamente, sem nenhum tratamento, porque decidiram parar, ou porque tiveram algum infarto. Outros são resistentes aos tratamentos, pois são desistentes, isto é, desistiram de querer parar de fumar porque viveram algum insucesso quando tentaram.

Muitos são os métodos, e com a ajuda de um bom profissional (ou mesmo um bom grupo de auto-ajuda) não há como falhar. Cito alguns:

Método da retirada gradual. O fumante fuma o menos possível e estabelece esse mínimo como base de partida do método, diminuindo cerca de 20% por semana; fuma com hora marcada, isto é, dividindo o período de horas acordadas pelo número de cigarros a fumar. Sabendo que ainda tem um cigarro para o final do dia, o fumante pode suportar ficar a noite toda sem fumar. Esse método é válido para até cinco a oito cigarros por dia, quando o fumante deve ser promovido para outro método, o do tratamento com remédios.

Método da intoxicação nicotínica. O fumante deve fumar o mais rapidamente possível um cigarro e em cinco minutos acender um outro, e assim sucessivamente enquanto agüentar. Esse método provoca uma rápida elevação do nível de nicotina no sangue, trazendo intoxicação, com náuseas, tontura, dor de cabeça, sensação de peso na cabeça, taquicardia, elevação da pressão arterial etc. O sistema de recompensa age às avessas, provocando repulsa.

Método da reposição da nicotina. A reposição medicamentosa da nicotina aumenta muito a possibilidade de êxito do tratamento. Pode ser feita por adesivos transdérmicos, gomas de mascar, tabletes orais, *sprays* e inalantes.

Método da medicação. Usa-se a bupropiona (Wellbutrin SR®, Zetron®, Zyban®), que é um antidepressivo que inibe a recaptura da dopamina e noradrenalina. Também a buspirona (Buspar®) é utilizada, principalmente para combater a "fissura" que surge em processos de mudanças de comportamento.

Para estes últimos métodos, são indicados auxílios médicos.

Inalantes e solventes: lança-perfume e outros

Generalidades
Inalantes são todas as substâncias que podem ser inaladas pelo nariz ou pela boca. Solventes são substâncias usadas

para dissolver outras. Mas, para a medicina, não há muita diferença entre eles. Ocorre que em geral todos os solventes são inaláveis, mas nem todos os inalantes são solventes. Na já citada pesquisa feita em 2004 pelo CEBRID (ver Generalidades sobre álcool), a idade média do primeiro uso dos solventes foi aos 13,1 anos de idade, com desvio padrão de 2,2 anos. Ainda segundo a mesma pesquisa, a terceira droga mais usada na vida são os solventes e inalantes, com 15,4%.

Onde e como são adquiridos

A maioria dos estudantes e meninos de rua compram em casas especializadas. Por terem baixo preço, os inalantes em geral são acessíveis a qualquer pessoa. A outra fonte de inalantes é a própria casa, onde podem ser encontrados sob diversas formas: produtos de limpeza, solventes, tintas, esmaltes, colas, aerossóis e outros. Com essa facilidade, muitos adultos nem desconfiam que seus filhos os possam estar usando.

A inalação do lança-perfume (acetona + éter + perfume) é sazonal. Sua temporada é tradicionalmente o carnaval, porém, atualmente, é inalado também em outras épocas; na sua falta, usa-se o cheirinho-da-loló (clorofórmio + éter etílico), feito caseiramente em qualquer época do ano e em qualquer lugar.

Onde e como é usado

A grande maioria dos inalantes é usada em casa, portanto a necessidade de comprá-los é baixa. São usados principalmente pelos meninos de rua, que carregam principalmente cola de sapateiro dentro de um saco plástico ou de papel e ficam inalando à vista de qualquer transeunte, numa cena muito familiar nas grandes cidades.

Atendi uma família cujo adolescente foi encontrado morto debaixo do lençol onde também estava uma lata aberta de cola de sapateiro. Ele pode ter desmaiado e continuou aspirando a cola dentro daquela "tenda" preparada por ele mesmo; ou pode ter tido morte súbita, que ocorre aos usuários de inalantes.

Sinais imediatos e disfarces da inalação

O produto inalado chega ao sangue em dez segundos e, em seguida, atinge o Sistema Nervoso Central (SNC), quando surgem os efeitos. Do início da inalação até a recuperação levam-se praticamente trinta minutos. Mas a "embriaguez" pelo inalante pode ser mantida por horas quando é alimentada através de breves e repetidas inaladas.

Os efeitos passam por quatro fases.

Primeira: euforia, excitação, tonturas, perturbações auditivas e visuais, náuseas, espirros, tosse, salivação, fotofobia e vermelhidão na face.
Segunda: depressão inicial do SNC, caindo o alerta, surgindo confusão, desorientação, obnubilação, visão embaçada, diplopia, cefaléia e palidez.
Terceira: depressão média do SNC, com forte redução do alerta, incoordenação ocular e motora, fala pastosa e hiporreflexia.
Quarta: depressão profunda do SNC, convulsões epileptiformes, inconsciência e coma.

Os inalantes podem provocar também alucinações e delírios perigosos, com risco de morte ao usuário. Mas o maior e mais grave risco é o da morte súbita, geralmente por arritmia cardíaca, devido ao aumento da sensibilidade do miocárdio à adrenalina.

A ação dos inalantes tira tanto a consciência do seu usuário, que ele nem sequer pensa em disfarces.

Sintomas do uso voluntário crônico

O uso voluntário é o inalar uma substância para buscar seus efeitos no organismo. É importante saber da existência do uso involuntário, quando inalar faz parte do trabalho, como os gases da gasolina em postos de abastecimento de carros.

Conseqüências do uso voluntário crônico: recorrente perda de sangue pelo nariz, rinite crônica, halitose, ulcerações nasais e bucais, conjuntivite, expectorações brônquicas, depressão, perda de concentração, irritabilidade, hostilidade, paranóia, anorexia, perda de peso, cansaço fácil etc. Como prejuízos graves há a neuropatia periférica, disfunção cerebelar e demência, principalmente quando o produto inalado contém tolueno (vernizes, cola de sapateiro, tintas etc.), além dos problemas permanentes em rins, fígado e coração. Lesa permanentemente o cérebro provocando apatia, perda de memória, praticamente inutilizando a pessoa para trabalho mais elaborado.

Síndrome de abstinência

A dependência química caracteriza-se pelo desejo intenso de usar cada vez mais, e pela síndrome de abstinência. Os sintomas da abstinência de inalantes são: ansiedade, agitação, tremores e cãibras nas pernas. Aparecem em 20% dos inaladores.

Tratamentos

Nas intoxicações agudas, a desintoxicação é fundamental, preferivelmente em hospitais de pronto atendimento. Não existe nenhum tratamento específico para o abuso de inalantes. É ineficiente tentar separar o inalador dos inalantes, porque é absolutamente impossível controlar todos os passos de uma pessoa. É importante resolver as causas responsáveis pela procura desse vício. Isso se faz com psicoterapia, grupos de auto-ajuda e internações. Quem indica internação é sempre um médico especializado, que o faz quando o usuário tem um quadro compulsivo de uso, isto é, perdeu totalmente o controle sobre o consumo, sofre perigo de morte, ou esteja pondo a vida de outros em risco.

Maconha

Generalidades

A droga ilegal mais usada no mundo é a maconha. O THC (tetraidrocanabinol) é o principal psicotrópico, responsável pela maioria dos sintomas dos canabistas (fumantes da *Cannabis sativa*, a planta que secreta uma resina que contém os quase sessenta canabinóides mais quatrocentas substâncias constituintes). As ações do THC no organismo podem ser aumentadas conforme a participação, ou não, de alguns outros canabinóides que por si mesmos nada provocam. Atualmente o teor do THC é de até 20% em plantas geneticamente apuradas, enquanto em 1960 era de 1,5%. Cada baseado (cigarro de maconha) pesa de 500 mg a 1 g, e com 1% de teor, teria de 5 a 10 mg de THC, sendo que de 2 a 3 mg são suficientes para produzir um "barato". A neurociência comprovou cientificamente que maconha realmente vicia, o que clinicamente já se sabia, apesar de muito se falar em contrário. Há tempos se observa que o uso é crescente, provoca tolerância (há canabistas que fumam de oito a doze baseados por dia), e seus usuários apresentam síndrome de abstinência.

Costuma-se comparar muito o uso de maconha com o de outras drogas. O fato de poder fazer menos mal não significa que ela seja boa. É uma comparação que pode aliviar a sensação de alguém estar fazendo menos mal a si mesmo do que se estivesse usando outras drogas, como álcool, tabaco, cocaína etc. Por que não comparar o uso e o não uso da maconha? Amputar as duas mãos é horrível, portanto vamos amputar uma só que é menos mal?

Há pais que ficam "loucos" quando descobrem que o filho usou maconha, e há "loucos" (assim são chamados os usuários pesados de maconha) que se acomodam com os problemas provocados pela maconha. São as faces do preconceito em torno do uso ou não da maconha. Não é o uso da maconha que leva ao de outras drogas, mas, para chegar às outras drogas ilegais, geralmente os usuários passaram pela maconha.

Muitos usuários, para provarem para si e para os outros que não estão viciados, conseguem deixar de usar maconha por um determinado tempo. O problema é que eles voltam a usá-la. Muitos dos que prometem parar acabam encontrando dificuldades; são poucos os jovens que realmente conseguem parar de usar a maconha.

Segundo o CEBRID 2004, a idade média do primeiro uso da maconha é 13,9 anos, com desvio padrão de 1,8 ano. É a quarta droga mais consumida, utilizada por aproximadamente 5,9% dos usuários. Entretanto, no sul do país, essa média é de 8,5%, e no sudeste de 6,6 %.

Onde e como é adquirida
Por ser muito elucidativo quanto à criminalidade, no lidar com a maconha, transcrevo, em itálico, pertinentes trechos do livro *Leis Penais e Processuais Penais Comentadas*, cujo autor, Guilherme de Souza Nucci, é professor livre-docente em Direito Penal.[33]

TÓXICOS: A lei 11.343, de 23 de agosto de 2006,
Título III: DAS ATIVIDADES DE PREVENÇÃO DO USO INDEVIDO, ATENÇÃO E REINSERÇÃO SOCIAL DE USUÁRIOS E DEPENDENTES DE DROGAS

Capítulo III: DOS CRIMES E DAS PENAS
Art. 28. Quem adquirir, guardar, tiver em depósito, transportar ou trouxer consigo, para consumo pessoal, drogas sem autorização ou em desacordo com determinação legal ou regulamentar será submetido às seguintes penas:
I – advertência sobre os efeitos das drogas;
II – prestação de serviços à comunidade;

---
[33] NUCCI, Guilherme de Souza. *Leis penais e processuais penais comentadas*. São Paulo: Revista do Tribunais, 2006.

III – medida educativa de comparecimento a programa ou curso educativo.

Título IV: DA REPRESSÃO À PRODUÇÃO NÃO AUTORIZADA E AO TRÁFICO ILÍCITO DE DROGAS

Capítulo III: DOS CRIMES

Art. 33. Importar, exportar, remeter, preparar, produzir, fabricar, adquirir, vender, expor à venda, oferecer, ter em depósito, transportar, trazer consigo, guardar, prescrever, ministrar, entregar a consumo ou fornecer drogas, ainda que gratuitamente, sem autorização ou em desacordo com determinação legal ou regulamentar.

Pena – reclusão de 5 (cinco) anos e pagamento de 500 (quinhentos) a 1.500 (mil e quinhentos) dias-multa.

1.º Nas mesmas penas incorre quem:

II – semeia, cultiva ou faz a colheita, sem autorização ou em desacordo com a determinação legal ou regulamentar, de plantas que se constituam em matéria-prima para a preparação de drogas.

2.º Induzir, instigar ou auxiliar alguém ao uso indevido de droga:

Pena – detenção, de 1 (um) a 3 (três) anos, e multa de 100 (cem) a 300 (trezentos) dias-multa.

3.º Oferecer droga, eventualmente e sem objetivo de lucro, a pessoa de seu relacionamento, para juntos a consumirem:

Pena – detenção, de 6 (seis) meses a 1 (um) ano, e pagamento de 700 (setecentos) a 1.500 (mil e quinhentos) dias-multa, sem prejuízo das penas previstas no art. 28.

Pelo exposto, qualquer pessoa que esteja fumando maconha, mesmo em casa, no seu quarto, está de mãos dadas com a ilegalidade, além de alimentar o tráfico. Ela só não será detida. Serão detidos: seu amigo que lhe oferecer maconha ou ajuda, os pais da casa onde os jovens estejam canabisando, a pessoa que lhe entrega. Mas se for ela mesma que tenha sugerido o uso conjunto ou pedido a maconha, também poderá ser detida.

A maconha pode ser adquirida por meio de um amigo que a traz para sua casa, ou conhecido que lhe entrega fora de casa. Pode também ser procurada em favelas ou com pessoas que a vendem em locais que os canabistas rapidamente reconhecem. Uma maneira bem comum de conseguir a droga é os usuários fazerem coleta de dinheiro, e um deles adquiri-la, em geral na favela, numa quantidade maior e distribuí-la entre todos. Pode até ganhar dinheiro com isso, mas em geral tira a sua parte em drogas pelo "serviço".

Onde e como é usada
Em locais pouco movimentados, longe das pessoas conhecidas não-usuárias, andando na rua, dentro do carro em movimento. Geralmente são locais da casa, do condomínio ou praças pouco movimentadas e escuras. Dentro do apartamento, é consumida geralmente em locais arejados, como terraços, janelas, no próprio quarto ou banheiro, na escadaria de serviços, em casas de máquinas dos elevadores, garagens etc. Leia o Capítulo 8, *Condomínio: paraíso das drogas*. Nas escolas, principalmente em banheiros e locais menos freqüentados, "aonde ninguém vai". Em geral em grupinhos pequenos, um jovem "apresenta" um

baseado que roda entre eles, e cada um dá uma ou duas "puxadas". Os usuários crônicos geralmente usam sozinhos. Nem sempre um inteiro, pois apagam e guardam o restante para acender em outra hora. Esse tipo de uso é repetido várias vezes durante o dia.

Sinais imediatos e disfarces do uso

A fumaça do baseado é rapidamente absorvida pelos pulmões e atinge o cérebro em pouco tempo. A neurociência comprovou algo de que se desconfiava: existem nos neurônios, centrais e periféricos, receptores que aceitam as moléculas de THC, confundindo-as com as de *anandamida*, uma espécie de "canabinóide" endógeno. Daí a tremenda facilidade de ação dos canabinóides no sistema de recompensa, nos centros da memória, da atenção e da concentração etc.

Como sinais imediatos o branco dos olhos fica vermelho, a boca seca, o coração dispara, psicologicamente o usuário fica excitado e fisicamente, fica agitado, dando gargalhadas por qualquer motivo se a quantidade de THC for pequena. Mas com quantidade maior de THC (entre 3 e 5 mg) ele fica "chapado", com olhos mais parados, o piscar de olhos mais lentos, perdendo vivacidade, falando mais mole, não conseguindo entender bem o que se fala com ele, com pensamento lentificado etc. Alteram-se as noções de tempo e espaço, conseqüentemente de distância e velocidade. Alteram-se também as sensopercepções. Aumenta o apetite, não porque sinta fome, mas porque se estimula muito a vontade de comer, principalmente doces. A esse apetite se dá o nome de "larica". Todos esses efeitos duram, em média, de duas a quatro horas.

Como disfarces, usa colírios, balas de sabores fortes, perfume nos cabelos e nas mãos, ou amassam ervas com cheiro forte com as pontas dos dedos usadas antes para preparar o baseado; tapam a soleira das portas do quarto para a "marofa" (fumaça da maconha) não escapar para o resto da casa, ligam ventiladores e abrem janelas, independentemente do clima e do tempo, ligam o chuveiro para produzir bastante vapor (a "marofa" é eliminada pela janela com o vapor de água), acendem incensos, pulverizam perfumes e cheiros fortes.

Sintomas do uso crônico
O maior problema que o uso crônico da maconha provoca é a distorção da personalidade, deixando a pessoa sem vida, sem ambição, conformado com tudo, porém, cada vez mais agressivo quando contrariado. Síndrome amotivacional é o conjunto de manifestações psicológicas que demonstra falta de motivação para viver. Há quadros de ansiedades, depressões e pânicos e quadros psicóticos lembrando os sintomas de esquizofrenia paranóide. Diminui bastante sua capacidade de enfrentar frustrações: a pessoa chega a não atuar em nada, com receio de nada dar certo; agride principalmente a própria mãe (ofendendo, gritando, agredindo fisicamente, destruindo telefones e objetos arremessados contra as paredes, chutando, batendo portas etc.). Sua capacidade de diálogo, de atenção, de concentração, de produção (estudo e/ou trabalho), de relacionamento piora bastante.

O THC é lipossolúvel, isto é, ele se dissolve em células gordurosas, como a série branca do sangue (diminui as suas defesas contra infecções), afeta testículos e ovários (diminui a produção de hormônios sexuais), o cérebro (altera o seu funcionamento, distorcendo suas percepções e personalidade) etc. A maioria desses sintomas é recuperável, a não ser no cérebro, nos receptores da *anandamida*, que ficam "entupidos" pelo THC e não se renovam. O que acontece é o desenvolvimento de novos receptores. Pode-se dar também o fenômeno do *flashback*, isto é, os sintomas ressurgem como se o usuário tivesse usado a maconha outra vez sem tê-la usado. Trata-se de uma liberação tardia do THC na corrente circulatória. Estima-se que fumar quatro baseados por dia tem o mesmo poder cancerígeno de vinte cigarros diários.

Síndrome de abstinência

Os sintomas característicos da síndrome de abstinência são: ansiedade, disforia, irritabilidade, insônia, náuseas, cólicas, sudorese, fotofobia e desejo de consumir mais droga. Geralmente, como diz Maurício Yonamine[34], os sintomas da abstinência são considerados relativamente brandos, começando em poucas horas após o término da administração da droga e durando cerca de quatro a seis dias.

Tratamentos

O tratamento exige tratar das co-morbidades, que são problemas e disfunções que surgem ou despertam com o uso da maconha. Geralmente são tratamentos sintomáticos

---

[34] Em sua tese de doutorado: *A saliva como espécime biológico para monitorar o uso de álcool, anfetamina, metanfetamina, cocaína e maconha por motoristas profissionais.* http://www.fcf.usp.br/LAT/i_maconha.php

conforme os sofrimentos surgidos. Os usuários de maconha são rebeldes a quaisquer tratamentos por não se considerarem doentes ou viciados. Só aceitam relativamente, quando sentem que seus problemas os prejudicam. Mais que um tratamento do corpo, é importante o tratamento psicológico, pois o que é necessário é a mudança do seu ponto de vista sobre a droga.

Outros produtos com THC

Haxixe
É uma resina extraída da planta *Cannabis sativa*, a mesma da qual se retira a maconha, que forma placas, bolas ou tabletes verde-escuros ou marrom-escuros, quase pretos.

Fuma-se misturando-o com tabaco ou maconha sob a forma de cigarros ou em cachimbos. Por ser uma resina, sua concentração é muito maior que a da maconha, portanto seus efeitos também são mais intensos.

Os efeitos agudos também são muito semelhantes aos da maconha, pois o princípio ativo é o THC, mas suas complicações são piores.

Skank
Também conhecido como "supermaconha", é cultivado em estufas com tecnologia hidropônica. Essa droga foi desenvolvida pela engenharia genética, com altíssimo teor de THC, tem alto custo e geralmente é importada da Europa.

Provoca fala em demasia, palidez, excitabilidade, risos ou depressão e sonolência, aumento de apetite por doces, olhos avermelhados, pupilas dilatadas, alucinações, distúrbios na percepção do tempo e do espaço. O *skank* pode ter até 17,5% de THC, enquanto a maconha pode ter até 2,5%. Portanto o poder entorpecente do *skank*, que também é fumado, é muito maior que o da maconha. Encontram-se nele todos os sinais provocados pelo THC, porém mais exacerbados.

Tranqüilizantes ou ansiolíticos ou benzodiazepínicos

Generalidades

Os tranqüilizantes de maneira geral são considerados ansiolíticos (aliviadores de ansiedade), isto é, diminuem os sintomas de ansiedade, mas não resolvem suas origens. Eles são mais de uso sintomático que curativo. A sua base química mais comum é a benzodiazepina. A ansiedade dificulta a vida de muitas pessoas, que quando tomam ansiolíticos sentem a vida melhorar, pois sem ansiedade elas conseguem resolver melhor os seus problemas.

Algumas pessoas não conseguem largar seus ansiolíticos, mas mesmo que possam ser consideradas viciadas à primeira vista, elas não apresentam os transtornos sociais, familiares, relacionais e pessoais que outras drogas provocam. Não tem sentido um filho retrucar que usa drogas porque seus pais usam calmantes.

Existem os ansiolíticos domésticos, como chás de camomila, remédios fitoterápicos (Maracugina®), ervas (anis, erva-doce, artemísia, capim-limão etc.), cujo uso com certeza não leva ao vício.

O uso de ansiolíticos deveria ser prescrito somente por psiquiatras, mas tamanha é a sua abrangência, que é indicado (e prescrito) pela grande maioria dos médicos não-psiquiatras. O uso se torna abusivo quando uma pessoa toma sem prescrição médica, adquire os "calmantes" sem receita, no mercado negro, para tomar porque sente falta.

Uma pessoa somente percebe que está viciada em ansiolíticos quando tenta parar de tomar o que o seu médico receitou e ela não consegue. Setenta e cinco por cento dos alcoólatras e 80% de usuários de opiáceos abusam do uso de ansiolíticos.

Segundo o CEBRID 2004, a idade média do primeiro uso de ansiolíticos é 13,5 anos, com desvio padrão de 2,1 anos, e é a quinta droga mais consumida (representa 4,1% dos usuários de drogas).

Onde e como é adquirido

Os ansiolíticos começaram a ser usados a partir da metade do século passado, desde que os benzodiazepínicos foram lançados comercialmente em 1960. Desde então, eles têm sido usados como poderosos ansiolíticos, miorrelaxantes e sedativos, prescritos pelos médicos em receitas controladas, comprados em farmácias e drogarias.

Os mais comuns são dos grupos:

alprazolam (Alprazolam®, Frontal®);

bromazepam (Deptran®, Lexotan®, Lexpiride®);

clorodiazepóxido (Psicossedin®, Tensil®, Relaxil®)

diazepam (Ansilive®, Diazepam®, Diempax®, Kiatrium®, Noan®, Valium®);

lorazepam (Lorax®, Lorazepam®, Mesmerin®);

Onde e como é usado

Os ansiolíticos podem ser encontrados como comprimidos, líquidos e xaropes e devem ser tomados conforme prescrição médica, nos horários indicados nas receitas. Entretanto há os usos por conta própria, que geralmente ocorrem quando o usuário não consegue dormir, fica ansioso ou angustiado (nervoso). Tal uso atropela os sintomas indesejáveis, porém esses sintomas são indicativos de que há problemas a ser resolvidos, que passam a ser postergados ou engolidos junto com os ansiolíticos.

Há pessoas que gostam da sensação provocada pelos ansiolíticos e os tomam em busca de tais efeitos, como se fosse uma droga e não uma medicação. Usam vários comprimidos e às vezes misturam com outras medicações ou com álcool.

Sinais imediatos e disfarces do uso

É comum os usuários de ansiolíticos buscarem alívio do que estão sentindo, portanto tais sintomas podem diminuir bastante de intensidade e até desaparecer. Os movimentos dos olhos e dos músculos em geral ficam um tanto lentificados e, caso se passe um pouco da dose recomendada, a fala pode ficar um tanto pastosa, o reflexo visomotor lentificado, e a pessoa perde a coordenação motora, fica sonolenta e com tonturas. Geralmente os usuários não usam disfarces.

Sintomas do uso crônico

Os ansiolíticos, quando usados sem indicação médica, podem provocar: "brancos" (verdadeiras panes mentais), confusão mental, tontura, oscilações de humor, perda de memória, raciocínio lento, falta de coordenação motora e desorientação (o que aumenta consideravelmente o risco de acidente), dependência química e psicológica. Os ansiolíticos injetáveis podem causar paradas cardíaca e respiratória, coma e morte. São bastante usados, associados ao álcool, para tentativas de suicídio.

Síndrome de abstinência
Conforme os tipos de ansiolítico, que são muitos, podem surgir diversos sintomas de abstinência, principalmente se houver a suspensão brusca da medicação. São eles: tremores, sudorese, desidratação, taquicardia, espasmos (contrações) musculares, convulsões, cefaléia (dor de cabeça), distúrbios gastrointestinais, distúrbios do sono (principalmente insônia), hipersensibilidade a som e luz, paranóias, crises de pânico, sintomas psicóticos, sintomas de grave ansiedade etc.

Tratamentos
Se a intoxicação for aguda, é importante levar o usuário a hospitais de pronto atendimento. Quanto mais rápida a intervenção médica, maior a chance de recuperação, pois uma intoxicação grave pode levar a coma e morte.

Os tratamentos dependem dos riscos que os usuários correm e das complicações psicológicas ou físicas que sofram. As internações são indicadas e acompanhadas por médicos quando não forem possíveis os tratamentos ambulatoriais e de consultórios psicoterápicos. As psicoterapias cognitivas têm apresentado melhores resultados nos tratamentos.

Anfetaminas

Generalidades

A anfetamina começou sua carreira sendo usada como descongestionante nasal, mas rapidamente, em 1927, passou a ser usada como psicoestimulante.

Na Segunda Guerra Mundial, ela foi usada para combater fadiga e manter o vigor físico e a vigília de militares de vários países. Os pilotos camicases japoneses consumiam as anfetaminas em níveis tóxicos.

No Brasil, elas têm sido utilizadas em grande escala como agente redutor de peso, mas em grande parte de forma abusiva, com outros objetivos. Foi em 1951 que elas passaram a ser vendidas somente com receitas médicas.

Como droga, consta em todos os levantamentos nacionais de uso de drogas, principalmente entre estudantes do Ensino Fundamental, Médio e Superior, meninos de rua, esportistas, não só para perderem peso mas também para se manterem euforicamente acordados pela excitação psíquica e, assim, melhorarem seus desempenhos corporais.

Muito viciantes, conhecidas pelos motoristas de caminhões de transporte rodoviário como "rebite" (Pervitin®), as "bolinhas" prejudicam seus usuários por serem responsáveis por desastres fatais (até envolvendo pessoas inocentes) e por necessitar de doses cada vez maiores.

Conforme suas estruturas químicas, elas podem produzir psicoestimulações, alucinações e sedações.

As anfetaminas têm estruturas químicas muito parecidas à dopamina, neurotransmissor do prazer.

A metanfetamina é uma das anfetaminas mais comuns, apesar de banida pela maioria dos países por tornar-se rapidamente droga de abuso e ser de fácil fabricação a partir da efedrina. São deste grupo as drogas *speed*, *crystal*, *ecstasy* (MDMA – metilenodioximetanfetamina).

Fenproporex, usado como anorexígeno (provocador de diminuição ou perda de apetite), é transformado dentro do organismo em anfetamina, que produz os mesmos efeitos e conseqüências que a anfetamina ingerida.

Conforme a pesquisa do CEBRID 2004, a idade média do primeiro uso dos anfetamínicos é 13,4 anos, com desvio padrão de 2,2 anos, e é a sexta droga mais utilizada.

Onde e como é adquirida

As anfetaminas são adquiridas legalmente nas farmácias e drogarias por meio de receitas médicas e, ilegalmente, no mercado paralelo.

Seus produtos comerciais são:

baseados na anfepramona: Dualid S®, Hipofagin S®, Inibex S®, Moderine® etc;
baseados no mazindol: Dasten®, Fagolipo®, Diazinil®, Dobesix® etc;
baseados no fenproporex: Desobesi-M®, Lipomax Ap®, Inobsein® etc;
baseados no metilfenidato: Ritalina®, Concerta® etc.

Onde e como é usada

Começaram a ser usadas como comprimidos. Os viciados hoje chegam a aplicar injeções endovenosas. O uso legal é às claras e geralmente acompanhando as prescrições médicas. O uso ilegal é feito escondido ou disfarçado, de acordo com suas finalidades. Numa *rave*, os anfetamínicos são usados para estimular os corpos a dançar por mais de dez horas seguidas (assim como o *ecstasy*). Algumas pessoas, em processos drásticos de emagrecimento, acabam tomando como se "substituíssem a comida", isto é, a vontade de comer é "substituída" pelas "bolinhas". Outras, ainda, em vésperas de forte exigência de esforço físico, ou quando precisam permanecer acordadas por um longo período, usam o Pervitin®.

Sinais imediatos e disfarces do uso
As anfetaminas são rapidamente absorvidas no trato gastrointestinal, em poucos minutos seus efeitos já aparecem e podem durar de oito a dez horas. Os primeiros sinais são grande estimulação do SNC, com perda de apetite, insônia etc. Entretanto, uma grande quantidade delas, como aquela consumida pelos que a usam como droga, provocam vermelhidão, sudorese, taquicardia, com arritmia que pode levar à morte, causam diarréia ou constipação intestinal, hipertensão, podendo provocar hemorragia cerebral, convulsões, severa hipertermia (temperatura corporal altíssima), hiperatividade, insônia grave, agressividade incontrolável, confusão mental, convulsões cerebrais, coma etc. Outros grupos anfetamínicos podem provocar estados paranóides parecidos com a esquizofrenia. Raramente são usados disfarces para esse uso.

Pode acontecer a overdose (superdosagem), cujas conseqüências são as síndromes de excitação, acidentes vasculares, convulsões cerebrais e coma. Particularmente com o MDMA, mortes por overdose têm ocorrido, causadas por hipertermia, acidose metabólica, deficiência renal aguda, deficiência hepática por hepatite tóxica, problemas cardíacos e fibrilação ventricular.

Sintomas do uso crônico

Devido à euforia que as anfetaminas provocam, seus usuários querem voltar a usá-las. Elas desenvolvem tolerância, isto é, exigem doses cada vez maiores para se conseguir os mesmos efeitos, e quando não usadas provocam a síndrome de abstinência. Esses três sinais são os que caracterizam a dependência química.

Usadas dessa maneira ainda provocam acentuada perda de peso, efeitos neurotóxicos em neurônios monoaminérgicos (que fabricam dopamina e serotonina), complicações psiquiátricas (psicoses paranóides aguda e crônica, delírio tóxico com amnésia, síndrome cerebral orgânica com prejuízos da memória e da capacidade de concentração, alteração da personalidade, *flashbacks*, tendências suicidas, ataques de pânico e ansiedade etc.), complicações neurológicas (comportamento estereotipado por horas, tiques, ranger de dentes etc.).

Síndrome de abstinência

Quando o uso das anfetaminas é abruptamente interrompido, surgem depressão, isolamento, oscilações de humor, fadiga, hiperfagia (comer demais) e hipersonia. Quando a depressão é severa, um acompanhamento psiquiátrico se faz necessário pelo risco de suicídio que o usuário apresenta.

Tratamentos

O tratamento dos usuários de anfetaminas é difícil pela resistência e rebeldia apresentadas por eles. As alterações provocadas pela droga parecem atingir mais os que vivem com os usuários do que eles próprios. Estes argumentam que estão bem, que não estão viciados, que param quando quiserem. À medida que vão tomando consciência da gravidade dos seus problemas é que começam a aceitar tratamentos mormente se já sofrem com as conseqüências atingindo o seu organismo.

Anfetaminas mais usadas

ECSTASY: Também conhecido como a Pílula do Amor, Love, Eva, MDMA, o ecstasy é uma "anfetamina alucinógena" (anfetamina: psicoestimulante + mescalina = alucinógeno).

De uso ilegal, apesar de ser usado há mais tempo nos Estados Unidos e na Europa, entrou no Brasil há dez anos, e hoje seu consumo é por via oral e bem alto entre os jovens adultos em *raves* e baladas, principalmente sob diversas formas e cores, como comprimidos e cápsulas. Seu uso tem aumentado a cada ano.

Em trinta minutos aparecem seus efeitos, que permanecem de oito a doze horas: taquicardia, hipertensão arterial, muita sudorese, temperatura corporal que pode passar dos 41°C, muita sede, energia corporal para dançar horas seguidas, euforia e sensação de que todos são seus amigos, aumento de sensibilidade tátil e à luz, excitação sexual, apesar de que pode provocar também impotência (por ser vasoconstritora, ela aumenta a libido mas compromete a ereção) e exaustão. Quando os efeitos passam, é comum vir a depressão.

Os efeitos desagradáveis e prejudiciais são: desidratação séria, mesmo que bebam muita água, infarto do coração, ansiedade, confusão mental, paranóia, alucinações e ilusões visuais, perda de coordenação motora, contrações musculares involuntárias – músculos da mandíbula que enrijecem, dentes que rangem e lambidas constantes dos lábios –, náuseas e vômitos, perturbações do sono, depressão e apatia, coma e morte por hipertermia e desidratação. Extremamente perigoso quando tomado com outras drogas.

Mais que dependência física, o jovem cria o hábito (comportamental) de usá-la em festas e *raves*, e caso não use, não acha graça nesses locais. Tanto é que seus usuários guardam os comprimidos para tomar nessas ocasiões.

EFEDRINA: (Efedrin®) Anfetamina sintética, o sulfato de efedrina é vendido ilegalmente sob a forma de chicletes, comprimidos e cápsulas usados para emagrecimento, para não sentir o cansaço ou aumentar o efeito do *ecstasy*. Pode causar depressão, ansiedade e pânico. É usado pela medicina para aumentar a pressão arterial, porém pode provocar derrame e infarto.

GHB: Ácido gama-hidroxibutírico – originalmente usado como sedativo, passou a ser usado para buscar euforia, sensação de energia e desinibição, apesar de ser depressor do Sistema Nervoso Central. Pode ser encontrado como um líquido inodoro, levemente salgado, cápsulas ou pó. Em pequenas doses, causa uma euforia similar à do álcool, tornando o seu usuário relaxado e sociável. Dosagens maiores podem causar tonturas e náuseas, bem como espasmos musculares, vômitos e inconsciências. Em overdoses, pode causar coma temporário e, quando misturado com álcool, pode reduzir a freqüência respiratória de forma extremamente perigosa, levando até a morte.

Os efeitos aparecem em torno de dez minutos a uma hora após a ingestão e podem durar cerca de duas a três horas, com efeitos residuais de até 24 horas. Geralmente o sal, ou líquido, é diluído em água, bebidas alcoólicas ou refrigerantes para que o usuário consciente, ou vitimado (aquele que bebe sem saber durante festas), perca o nível de consciência, de memória, mas esteja suficientemente acordado para fazer o que lhe pedem. Sente náuseas e vomita, fica tonto e sem coordenação motora. Depois não se lembra de nada do que aconteceu. Portanto, serve para sedar pessoas com o intuito de estuprá-las, violentá-las, roubá-las etc. Como o GHB aumenta a produção do hormônio de crescimento, várias pessoas o usam para aumento de massa muscular. Seu efeito a longo prazo ainda não é conhecido. O risco do GHB é causar intoxicações fortes e matar seu usuário.

A Agência Nacional de Vigilância Sanitária (Anvisa) classificou o GHB como substância psicotrópica em 2003.

ICE OU CRYSTAL: metanfetamina (anfetamina pura) – pó branco ou cristal que lembra gelo. Pode ser fumada, cheirada, injetada e engolida para produzir intensa estimulação do Sistema Nervoso Central. Os usuários buscam euforia, bem-estar, aumento de energia, agitação física, pensamento rápido.

Provocam aumento do batimento cardíaco, da pressão arterial e da temperatura corporal, tremores, insônia e perda de apetite. O usuário pode se tornar agressivo e violento, principalmente pela paranóia provocada, ou entrar em depressão. Perigoso porque pode provocar convulsões, derrames, coma e morte súbita. No uso injetável há grande risco de infecções (aids, hepatite etc.) ao compartilhar seringas.

POPPERS ("GÁS HILARIANTE"): Depressora sintética do Sistema Nervoso Central. De uso ilegal, seus nitratos (óxido nitroso) são gases inalados. Seus usuários buscam euforia, sedação leve e aumento do prazer sexual. Provoca náusea e vômito, vertigem, dor de cabeça, irritação das vias respiratórias e distúrbios de visão. Pode causar sufocação e coma. Desenvolve facilmente a dependência, devido ao uso compulsivo que se estabelece.

SPEED: Metanfetamina – chamada também de "cocaína dos pobres", é adquirida ilegalmente sob a forma de pó branco, que pode ser inalado, misturado a bebidas, grudado em chicletes e dissolvido em água e injetado. Seus efeitos são parecidos com os do *ecstasy*.

Cocaína, *crack* e merla

Generalidades
A cocaína é extraída das folhas de coca, uma planta do altiplano dos Andes. A primeira parte é a pasta básica de cocaína, que é uma massa formada pelas folhas, ácido sulfúrico e querosene. Essa pasta refinada com ácido clorídri-

co produz o pó branco e inodoro chamado cloridrato de cocaína ou, simplesmente, cocaína. Inicialmente usada como anestésico, ela pode ser cheirada, injetada, comida e ultimamente fumada sob a forma de cristais (*crack*) ou, ainda, misturada com tabaco ou maconha (mesclados).

Quando se adiciona água de bateria de carro, ácido sulfúrico, querosene, gasolina, benzina, metanol, cal virgem, éter e pó de giz, forma-se a *merla*, uma droga mais destrutiva que o *crack* porque pode provocar hemorragia cerebral, alucinações, delírios, convulsão, enfarte cardíaco e morte. Custam metade do preço do *crack*, que por sua vez já é muito mais barato que a cocaína.

A fissura (vontade de usar) da cocaína, do *crack* ou da merla é tão forte que uma pessoa paga qualquer preço para obtê-los. Dá o que tiver à mão: relógio, telefone celular, jóias, tudo por ela. Incita o roubo, primeiro em casa, depois na rua, e a prostituição.

Mata-se por dívidas de cocaína, por queima de arquivo vivo, por brigas territoriais, por guerra entre traficantes...

Segundo o CEBRID 2004, a idade média do primeiro uso da cocaína é 14,4 anos, com desvio padrão de 2 anos, e é a sétima droga mais consumida, atingindo 2% dos usuários.

Onde e como é adquirida

Cocaína é a droga que reina no mundo do crime, no qual não se vende fiado e a vida do usuário não tem valor. Para adquirir cocaína, o usuário se expõe a procurar o traficante ou já é por ele conhecido e, portanto, já lhe entrega em domicílio. Dificilmente o usuário consegue guardar cocaína em casa, pois só de saber que a tem guardada não resiste à vontade de usá-la.

Onde e como é usada

Ela é cheirada ou injetada com o usuário escondido no banheiro de boates, de baladas ou na própria casa até em locais onde grupos usuários se reúnem para essa finalidade. Atualmente há relatos de pessoas usando durante shows, em estádios esportivos cheios enquanto assistem a um esporte, e até mesmo em carros em movimento (dando um "rolê").

Para injetar usam seringas descartáveis, que na maioria das vezes não são descartadas, e passam de uma pessoa a outra. Foi um dos meios pelos quais a aids contaminou muitos usuários. Quando já estão no processo de injeções nas veias e acaba o líquido que dilui o pó, os usuários usam qualquer líquido que encontram.

Ouvi relatos de pessoas que usaram água do vaso sanitário, e outras que injetavam nas veias do pênis ou dos pés para não serem identificadas. Assim os usuários de injetáveis não conseguem se prevenir contra aids, hepatite etc.

A cocaína é esfarelada em pó com algo muito cortante (gilete), colocada numa superfície lisa e seca (vidro, espelho, mármore etc.) e cheirada através de um tubinho feito em geral na hora com o material que tiver (notas de dinheiro, papéis lisos e firmes, canudos etc.). O usuário aspira fortemente com uma das narinas, enquanto tapa a outra.

Crack e merla são usados em geral nas proximidades do local da sua aquisição, pois seus usuários não têm paciência para se afastar daquele local. A fissura é tão grande que usam assim que adquirem.

Sinais imediatos e disfarces do uso
Em doses baixas, a cocaína diminui a ansiedade e aumenta a euforia, hiperatividade, desinibição, auto-estima e estimulação sexual. Mas com o aumento do uso podem surgir disforia (perturbação da euforia), diminuição do juízo crítico, idéias de grandeza, impulsividade, hipersexualidade, excitação psicomotora, anorexia, diminuição da necessidade de dormir, ataques de pânico e chega a desencadear quadros psicóticos maníacos.

Após aproximadamente quinze minutos do início do uso da cocaína (também do *crack* e da merla), podem surgir uma diarréia aquosa, cãibras abdominais e vômitos sem náuseas.

É freqüente os usuários fazerem uso de cocaína por vários dias seguidos, sem parar.

Podem piorar para quadros neurológicos que causam movimentos descoordenados, ranger dos dentes e da mandíbula (bruxismo), insônia, perda do impulso sexual, perda dos cuidados pessoais, surgem idéias delirantes de perseguição, alucinações visuais e auditivas, e pode ocasionar convulsões, arritmia cardíaca, parada respiratória e morte.

Não há muito como disfarçar o uso do pó, mas, para cortar os efeitos exagerados, os usuários costumam beber bebidas alcoólicas em grande quantidade e/ou outras drogas.

Sintomas do uso crônico

Crack provoca uma síndrome pulmonar aguda com dores no peito, falta de ar e tosse sanguinolenta. Pode apresentar também enfisema subcutâneo do pescoço e mediastino, necrose (morte) da mucosa da laringe.

Cocaína cheirada pode produzir particularmente a congestão nasal (como rinite), necrose e perfuração do septo nasal, podendo ainda produzir, quando injetada e fumada, hipertensão arterial, taquicardia, infarto agudo do miocárdio (coração), aneurismas dissecantes da aorta, hemorragias intracranianas, atrofia cerebral, hemorragias cerebrais e crises convulsivas.

A área sexual também pode ser muito afetada com impotência e ginecomastia no homem, alterações do ciclo menstrual, galactorréia, amenorréia, infertilidade e dificuldades orgásmicas na mulher. A cocaína atravessa a barreira placentária atingindo o feto, portanto provoca o parto prematuro, hipodesenvolvimento fetal por hipóxia cerebral (falta de oxigênio), placenta prévia e abortos.

Síndrome de abstinência

Após interrupção brusca do uso podem vir a depressão, ansiedade, irritabilidade, fadiga generalizada, necessidade de sono e "fissura" de querer usá-la de qualquer maneira novamente. Se a vontade não for estimulada, o usuário pode não sentir falta da cocaína, mas, caso contrário, não consegue se controlar e cai na compulsão do uso por vários dias. O estímulo pode vir de uma lembrança de uso, de passar pelos pontos de venda, de conversar com outros usuários, de ver imagens que lembrem o seu uso, ou simplesmente de beber etc. O vício pode ficar adormecido por muitos anos, mas basta que se toque no pó para logo voltar a fissura de usá-lo. Se usar, em pouco tempo o vício é despertado e logo o usuário usa outra vez, e em pouco tempo está no vício, como se nem tivesse parado.

Tratamentos
É bastante difícil o tratamento do cocainômano, pois fora da crise ele funciona normalmente. Existem usuários que usam somente em finais de semana, em temporadas, noitadas, mas trabalham normalmente. Está suficientemente bom para não ser internado e suficientemente mal para ficar solto. Quem indica as internações geralmente é o médico. Tratam-se ambulatorialmente ou com hospitalização as complicações físicas e, psiquiatricamente, trata-se o vício (com ou sem internação) com medicações sintomáticas e psicoterapias, preferencialmente a cognitiva.

Alucinógenos

Generalidades
Como o próprio nome diz, são drogas geradoras de alucinações, principalmente visuais, e alterações do pensamento e do humor. Alucinações são percepções visual, auditiva, gustativa, olfativa ou tátil de estímulos que realmente não existem. Delírios são distúrbios de julgamento. Se uma pessoa tem uma alucinação e julga que é real, ela está delirante. Ilusão é a percepção distorcida de um estímulo real. O que eles produzem é um quadro psicótico artificial e transitório. São também chamadas de psicodislépticos por distorcerem os processos mentais.

Os efeitos alucinógenos são resultantes da combinação entre os alucinógenos e os receptores, principalmente de serotonina, no cérebro. Os alucinógenos eram usados em cerimônias e rituais ligados à religiosidade e à transcendência espiritual, algo entre o divino e o sagrado, não era comum para os simples mortais.

Os alucinógenos naturais, extraídos de vegetais, existem há muito tempo, e os sintéticos, desde o começo do século passado. Seu uso disseminou muito na geração *hippie*. Atualmente, o cultivo, posse e venda dos alucinógenos naturais são proibidos, e seu uso caiu muito.

Segundo o CEBRID 2004, em média o início do seu uso é com 13 ou 14 anos de idade e apenas 1% dos consumidores usaram-no na vida. Entre as indicações, os mais usados foram Akineton® e Artane®.

Onde e como são adquiridos

Os alucinógenos sintéticos são geralmente importados, e seu contrabando é relativamente fácil. Pequenas quantidades produzem grandes efeitos. Vêm diluídos em tinta, em selinhos absorventes e formam diversos desenhos. São rapidamente absorvidos, seu efeito começa em, no máximo, cinqüenta minutos após o uso e dura pelo menos de seis a sete horas. Seus usuários, ao adquiri-los, estão se envolvendo com a malha do crime. Por serem de fabricação mais sofisticada e seus efeitos colocarem altamente em risco a vida dos seus usuários, não são tão facilmente encontrados e têm um custo mais elevado que outras drogas.

Onde e como são usados

Geralmente em campo aberto ou praias como também em festas e reuniões nas quais estejam presentes pessoas que não os usam para proteger os usuários de suas viagens loucas, que podem pôr em risco a própria vida. Sabe-se de pessoas que se sentiram capazes de voar de lugares altos (prédios, pontes, pedras etc.), lançaram-se para o espaço e morreram de encontro ao chão.

Sinais imediatos e disfarces do uso

Além do que já foi descrito, os alucinógenos provocam taquicardia, hipertensão arterial, dilatação pupilar, hipertermia, transpiração e piloereção. Dificilmente consegue-se disfarçar uma viagem, seja ela "boa" ou "ruim".

Sintomas do uso crônico

Apesar de desenvolver rápida tolerância, mas não para o quadro físico acima, não se desenvolve a dependência física nem a síndrome de abstinência com uso esporádico (de uma ou duas vezes ao mês), mas facilita muito o uso abusivo.

Pode desencadear quadros psicóticos para os quais os usuários já tenham histórico familiar. A "viagem" deixa de ser algumas horas psicóticas transitórias e se estabelece o quadro psicótico, que exige tratamento psiquiátrico. Com alucinógenos ocorre o fenômeno do *flashback* até muito tempo após o uso.

Tratamento

Nos quadros de intoxicação aguda, dada a gravidade, recomenda-se levar o usuário ao hospital de pronto atendimento mais próximo.

Nos quadros psicóticos agudos, usam-se medicações psiquiátricas. Conforme a gravidade, são indicadas as internações.

Com a suspensão dos alucinógenos, em geral os quadros agudos remitem e trata-se o que ainda permanecer de distúrbios e transtornos. Como outras drogas, a psicoterapia mais indicada é a cognitiva.

Alucinógenos mais comumente encontrados

Akineton® e Artane®: remédio usado para doença de Parkinson, aparece como a terceira droga mais usada por crianças e jovens do nordeste brasileiro, depois dos inalantes e da maconha. São seus efeitos anticolinérgicos (inibem a transmissão dos impulsos dos neurônios para as células musculares) que os seus usos abusivos buscam. Em grandes quantidades pode provocar náusea e obnubilação, agitação, confusão mental e alucinações.

Benflogin®: Remédio usado como antiinflamatório, contém cloridrato de benzidamina, que em doses altas é alucinógeno.

Chá do Santo Daime (Dimetiltriptamina – DMT): folhas da chacrona, que contêm DMT misturadas com cipó de caapi, o que intensifica a ação alucinógena. Além dos efeitos alucinógenos pode provocar diarréia e vômito, pânico, medo e perda de controle. É ilegal, a não ser para uso específico em alguns rituais religiosos.

Chá de lírio (atropina e escopolamina): produz delírios e alucinações por ser anticolinérgico.

Cogumelos (Psilocibina – psilo, careca e *cybe*, cabeça): é o princípio ativo encontrado em vários cogumelos. Usados sob forma de chás e até bolos, produzem efeitos menos intensos e menos duradouros que o LSD. O risco é usar cogumelos venenosos.

LSD (Dietilamida do ácido lisérgico): alucinógeno sintético, ilegal, muito potente: uma fração de gota pode provocar grandes "viagens", com alucinações principalmente visuais e táteis. Podem ser acompanhadas por ansiedade, paranóia, sudorese intensiva, taquicardia e mudanças de comportamento, como instabilidade de humor, *flashbacks* etc. Os grandes riscos são os quadros psicóticos, as "viagens ruins" e interpretar erroneamente a realidade. Dos sintéticos, foi o mais utilizado até o surgimento do *ecstasy*, que passou a ser muito mais utilizado.

PCP (fenilciclidina): anestésico que produz alucinações, visuais e auditivas.

Cetamina (special – k): Depressora sintética do Sistema Nervoso Central, usada como anestésico. Trata-se de um líquido armazenado em ampolas ou em pó branco a ser misturado com tabaco ou maconha. É usada para produzir euforia e alucinações. Provoca também náuseas e vômitos, perda de controle motor, alterações de humor, pensamentos fantasiosos, depressão, ansiedade, paranóia e *flashbacks*. Pode levar a sedações, convulsões e morte. Provoca dependência.

Esteróides anabolizantes

Generalidades
O culto à forma física corporal difundiu-se enormemente entre jovens e adultos na década de 1980, quando surgiram numerosas academias de ginástica. Para aumentarem a massa muscular, os jovens passaram a usar inadequadamente os esteróides anabolizantes, sintetizados a partir da testosterona (hormônio sexual masculino).
Orexígenos são medicamentos utilizados para aumentar o apetite, mas podem também ser usados como drogas de abuso. No Brasil seu uso está associado aos esteróides anabolizantes para o aumento de massa muscular. Segundo a CEBRID 2004, o uso de esteróide foi de 1%, mesmo que no Rio de Janeiro tenha atingido 1,6% e em Salvador 1%.

Onde e como são adquiridos
Fora das indicações especificadas pelos médicos, seu comércio é ilegal. São vendidos como comprimidos ou injeções intramusculares em farmácias, com prescrição médica, mas podem ser encontrados com algumas pessoas em academias de ginástica.

Como medicações existem: Durateston®, Androxon®, Deca-Durabolin® etc.

Onde e como são usados
Podem ser tomados em casa ou na própria academia, e as injeções geralmente são aplicadas pelo próprio usuário.

Sinais imediatos e disfarces do uso
Aumento muito rápido de massa muscular e força física. Uso escondido sem precisar disfarçar, pois as alterações físicas e comportamentais não são imediatas.

Sintomas do uso crônico
Aumenta o peso corporal, dilata o coração, aumenta a pressão arterial, causa insônia e acne, aumenta os pêlos, faz perder os cabelos, engrossa a voz, diminui o tamanho e o funcionamento dos testículos. Nas mulheres, o ciclo menstrual se altera e podem começar a surgir sinais de masculinização, como crescimento de pêlos no rosto, engrossamento da voz e crescimento do clitóris.

Problemas e distúrbios físicos
Irritabilidade e agressividade, sobrecarga do coração e infarto, câncer de fígado, impotência sexual, infertilidade e problemas urinários.

Tratamentos
Deve ser feita a suspensão imediata dos anabolizantes e tratamentos dirigdos especificamente aos problemas surgidos. Alguns deles cedem espontaneamente. Outros,

apenas com ajuda medicamentosa. Sobre o câncer de fígado ainda não se conhece um tratamento de cura.

Indutores do sono ou sedativos ou barbitúricos

Generalidades
Como o próprio nome diz, são medicações para combater a insônia. Parece estranho alguém ficar viciado em remédio para dormir, mas são usuários que conseguem dormir somente com a ajuda desses remédios. Eu a cito aqui, pois há pessoas que em vez de cair no sono entram por horas num estado hipnagógico duradouro, isto é, ficam como embriagadas, cambaleantes, pois perdem coordenação motora e a noção de equilíbrio, têm sensação de moleza corporal, fala pastosa e chegam a babar, com olhar pendurado, como se estivessem "chapadas". Segundo a CEBRID 2004, não houve uso acima de 1%.

Onde e como são adquiridos
São medicações prescritas por médicos, mas também usadas como drogas. Podem ser compradas em farmácias e drogarias. Os indutores do sono mais usados são: Flunitrazepam (Rohypnol®); midazolam (Dormonid®); flurazepam (Dalmadorm®) e outros.

Barbitúricos: Antes desses indutores, usava-se o barbitúrico, que é muito arriscado, pois rapidamente atinge níveis perigosos e facilmente potencializáveis pelo álcool. Foi essa combinação fatal que provocou várias mortes (Janis Joplin, Jimi Hendrix, Marilyn Monroe e outras celebridades). Sua ação interfere diretamente sobre o cérebro, os centros respiratórios e circulatório. Sua dose de ação tóxica está próxima da dose terapêutica. Causa sinais de incoordenação motora, atinge progressivamente a consciência, traz dificuldade de movimentar-se e leva ao sono muito pesado, reduz a pressão arterial, diminui os batimentos cardíacos, a respiração torna-se cada vez mais lenta e pode resultar em coma e morte por parada respiratória.

Provoca dependência com freqüência. Sua abstinência provoca insônia rebelde, irritação, agressividade, delírios, ansiedade, angústia e até convulsões generalizadas. Essa síndrome necessita de tratamento médico e hospitalização. Hoje continua a ser usado principalmente como anticonvulsivante o fenobarbital (Gardenal®), e como anestésicos o tiopental (Anental®, Thiopentax®).

Onde e como é usado
Em geral os indutores do sono são ingeridos em doses com vários comprimidos de uma só vez, em casa, até mesmo em quartos de hotel, quando se está sozinho. O usuário não costuma sair do local onde usou os comprimidos.

Sinais imediatos e disfarces do uso
Em pouco tempo os remédios começam a fazer efeito. Geralmente é o tempo que o uso normal levaria desde a ingestão até o sono chegar. Não há muito como disfarçar, pois a ação química se torna soberana, e a vontade pouco conta nas suas ações.

Sintomas do uso crônico

Os usuários de soníferos ficam prejudicados para realizar as suas tarefas (profissionais, escolares, esportivas, sociais etc.), porque os efeitos duram horas, nas quais eles ficam em sono profundo, sonolentos ou praticamente passivos.

Síndrome de abstinência

Os sofrimentos são bastante semelhantes aos da supressão dos ansiolíticos.

Tratamento

Desintoxicação em hospitais especializados com cuidados especiais em administrar os tranqüilizantes e soníferos, além dos tratamentos já indicados aos dependentes químicos em geral.

Opiáceos: heroína e morfina

Generalidades

Da papoula se extrai o ópio, que vai dar a morfina, base original da qual foi sintetizada a heroína. Vinda do "Triângulo Dourado" (sudeste da Ásia), tem 80 a 90% de pureza, enquanto do "Crescente Dourado" (Irã, Afeganistão, Paquistão) vem misturada com muitos adulteradores. Muito usada nos Estados Unidos e na Comunidade Européia e pouco usada no Brasil.

Mundialmente, seu uso começa geralmente na adolescência e tem longo curso pela dificuldade de recuperação. Grande parte dos seus usuários são politoxicômanos e têm como bases o álcool e a maconha.

Onde e como é adquirida
Altamente viciante, sua aquisição é ilegal. Devido à baixíssima oferta no Brasil, seu uso também se torna esporádico. Com pouca oferta, há poucos usuários que nem têm quantidade suficiente para se tornarem dependentes químicos. Talvez esse seja um dos motivos pelos quais a heroína tenha baixíssima qualidade no Brasil. Ela pura é um pó branco. Em geral, seus traficantes também são usuários que tiram a parte do seu uso e acrescentam adulteradores.

Onde e como é usada
Ela é usada cheirada, fumada ou injetada em locais onde os usuários não possam ser surpreendidos. Para ser cheirada, em geral, usa-se um canudo feito de papel-alumínio.

Sinais imediatos e disfarces do uso
Euforia intensa, seguida de várias horas de tranqüilidade e bem-estar, com devaneios e sensação de ausência de problemas, podendo diminuir ansiedades e angústias, atenção, pressão arterial e com grande freqüência causa náuseas e vômitos. Em alguns pode produzir sonolência e disforia. Seus usuários tentam camuflar o uso, mas tornam-se irritáveis, ansiosos e instáveis.

Sintomas de uso crônico
A heroína passa com o tempo a ser a única fonte de prazer, e precisa ser consumida em doses cada vez maiores, pois seu poder viciante é alto (dez vezes maior que a morfina). Desenvolve tolerância e síndrome de abstinência, que já

aparece oito horas após a última dose usada, ou mesmo com a diminuição da dose.

A heroína favorece comportamentos anti-sociais, agressividade, transgressões e delinqüência. É mais freqüente, no mundo, o uso em populações de baixa renda.

Existe alto risco do contaminação ao compartilhar seringas, provocando infecções nos locais das picadas e as generalizadas, como endocardites, abscessos cerebrais, aids e hepatite C. Como secam os fluxos salivares, altera-se muito o estado bucodentário, e ocorre uma constipação intestinal crônica, porque os opiáceos lentificam os movimentos gastrointestinais. Quadros psiquiátricos como depressão e síndrome amotivacional podem persistir por várias semanas mesmo após parar o uso.

A morte por overdose ocorre principalmente com a injetável, piorando com álcool, hipnóticos e sedativos. Surge uma depressão respiratória com bradipnéia e convulsões, as pupilas entram em miose fechada, a temperatura corporal baixa e os reflexos osteotendinosos diminuem, causando o coma. Apresenta elevado grau de mortalidade aos seus usuários. Na falta de heroína, os heroinômanos usam morfina na veia.

Opiáceos de uso médico são componentes de medicações analgésicas e antitussígenas, como a codeína (Belacodid®, Codaten®, Codein®, Codex®, Gotas Binelli®, Pambenyl®, Setux®, Tylex® etc.) que também são usados como abusos químicos.

Síndrome de abstinência
Manifesta-se já após oito horas de falta de uso da heroína.

Sintomas dessa síndrome: muita ansiedade, insônia, confusão mental, náuseas, vômitos, suores, dores intestinais, constipação intestinal, dores musculares, perda de peso, mas sem causar a morte. Os heroinômanos podem ser também viciados em álcool, anfetaminas e cocaína.

Tratamento
O tratamento depende dos sintomas e conseqüências físicas e psíquicas, que trazem sofrimentos ao abstinente. Usam-se analgésicos, hipotensores, antiespasmódicos, ansiolíticos, neurolépticos, hipnóticos não-benzodiazepínicos. Existem também tratamentos específicos com medicações que concorrem quimicamente com os opiáceos, impedindo que estes se fixem nos neurônios, por exemplo a metadona (Metadon®) e a bupremorfina (Temgesic®).

Dada a alta incidência de recaídas, é muito importante que os ex-heroinômanos sejam acompanhados por psicoterapia de longo curso.

A morfina (sulfato de morfina – Dimorf®, Dolo Moff®) é medicamento usado para analgesia sistêmica de dores que resistem a outros remédios, injetável na maioria das vezes. É retirada da *Papaver somniferum*, e a palavra vem do deus da mitologia grega Morfeu, o deus dos sonhos, portanto é um potente opiáceo natural. Também natural é a codeína.

Os opiáceos diminuem a atividade cerebral, desde a diminuição da dor até o sono. Podem ser usados como medicações prescritas pelos médicos e de forma abusiva pelos usuários que procuram se largar num torpor, isolando-se da realidade, numa mistura de fantasia e realidade, sem sofrimento e sem paixões. Provocam também uma contração exagerada das pupilas dos olhos, paralisia do estômago e intestino com forte prisão de ventre. Deprimem os sistemas respiratórios e circulatórios, os usuários perdem a consciência, ficam azulados por causa do sangue venoso que fica praticamente sem oxigênio, entrando em coma; caso não sejam atendidos, simplesmente morrem. Milhares de pessoas morrem anualmente nos Estados Unidos e na Europa dessa maneira. Pelas seringas compartilhadas contraem-se aids e hepatite.

Os opiácios passam facilmente a ser o centro da vida dos seus usuários porque são altamente viciantes. Com a rápida tolerância, suas doses vão aumentando, assim como a necessidade do dinheiro. Quando se interrompe o uso deles, surge uma severa síndrome de abstinência, com náuseas e vômitos, diarréia, cãibras musculares, cólicas intestinais, lacrimejamento, corrimento nasal etc., que pode durar de oito a doze dias.

De uso médico como analgésico existem os opiáceos sintéticos no mercado: meperidina (Dolantina®); propoxifeno (Doloxene A®) e fentanil (Fentanil®).

Os médicos relutam em indicar a morfina como medicação analgésica pelo seu poder altamente viciante.

O cloridrato de metadona (Metadon®) é um opiáceo semi-sintético que não vicia tanto quanto a morfina e por isso é usado para o tratamento de usuários de morfina e heroína[35].

Quem é feliz não usa drogas!

[35] Fonte: Centro Brasileiro de Informações sobre Drogas Psicotrópicas (CEBRID) http://www.unifesp.br/dpsicobio/cebrid/folhetos/opio_.htm#definicao

Bibliografia

ALCOÓLICOS ANÔNIMOS. *Os doze passos*. São Paulo: Centro de Distribuição de Literatura de AA para o Brasil, 1993.
ANDRADE, Arthur Guerra de et al. *Cocaína e crack*. Porto Alegre: Artmed, 1999.
AQUINO, Júlio G. *Drogas na escola*. São Paulo: Summus, 1998.
BOUER, J. *Álcool, cigarro e drogas*. São Paulo: Panda, 2004.
EYRE, Linda. *Teaching your children values*. New York: Fireside, 1993.
FERREIRA, Beatriz Silva. *Só por hoje: Amor Exigente*. São Paulo: Loyola, 1997.
GOLEMAN, Daniel. *Inteligência emocional*. Rio de Janeiro: Objetiva, 1995.
HERCULANO-HOUZEL, Suzana. *O cérebro em transformação*. Rio de Janeiro: Objetiva, 2005
_____. *O cérebro nosso de cada dia: Descoberta da neurociência sobre a vida cotidiana*. Rio de Janeiro: Vieira & Lent, 2002.
_____. *Sexo, drogas, rock'n'roll... & chocolate: o cérebro e os prazeres da vida cotidiana*. Rio de Janeiro: Vieira & Lent, 2003.
HUMANITATES. Publicação do Centro de Ciências de Educação e Humanidades – CCEH. v.1, n.1, Brasília: Universidade Católica de Brasília – UCB, set./2004.
LARANJEIRA, Ronaldo et al. *O alcoolismo*. São Paulo: Contexto, 1998.
_____. *Drogas: maconha, cocaína e crack*. São Paulo: Contexto, 1998.

LONGENECKER, Gesina L. *Como agem as drogas: o abuso das drogas e o corpo humano*. São Paulo: Quark Books, 1998.
MACFARLANE, A.; MACFARLANE, M.; ROBSON, P. *Que droga é essa?* São Paulo: Editora 34, 2003.
MARINO Jr., Raul. *Fisiologia das emoções*. São Paulo: Sarvier, 1978.
MELO, Maria de. *A coragem de crescer*. Rio de Janeiro: Record, 2005.
MURAD, José Elias. *O que você deve saber sobre os psicotrópicos: a viagem sem bilhete de volta*. 2 ed. Rio de Janeiro: Guanabara Dois, 1982.
MURAD, José Elias & Carvalho, André. *Tóxicos*. Belo Horizonte: Lê, 1988.
RAMOS, S. Paula et al. *Alcoolismo hoje*. São Paulo: Artes Médicas, 1997.
SAVATER, Fernando. *Ética para meu filho*. Trad. Mônica Stahel. São Paulo: Martins Fontes, 1993.
SEIBEL, Sérgio Dario et al. *Dependência de drogas*. São Paulo: Atheneu, 2001.
SILVA, M. Severiano da. *Se liga: o livro das drogas*. Rio de Janeiro: Record, 1997.
SILVEIRA, D. Xavier da. *Dependência*. São Paulo: Casa do Psicólogo, 1996.
TIBA, Içami. *Adolescentes: Quem ama, educa!* São Paulo: Integrare Editora, 2005.
_____. *Disciplina: limite na medida certa – Novos paradigmas*. São Paulo: Integrare Editora, 2006.
_____. *Ensinar aprendendo: novos paradigmas na educação*. São Paulo: Integrare Editora, 2006.
_____. *Puberdade e adolescência: desenvolvimento biopsicossocial*. São Paulo: Ágora, 1986.
_____. *Quem ama, educa!* São Paulo: Gente, 2002.
_____. *Saiba mais sobre maconha e jovens*. São Paulo: Ágora, 1998.
_____. *123 respostas sobre drogas*. São Paulo: Scipione, 1997.
UCHÔA, Marco Antônio. *Crack, o caminho das pedras*. São Paulo: Ática, 1996.
WEIL, Pierre; TOPAKOW, R. *O corpo fala*. Rio de Janeiro: Vozes, 1977.
WEINTRAUB, Mauro. *Sexualidade e drogas*. São Paulo: Siciliano, 1995.
WILLIAMS, Pat. *Coaching your kids to be leaders*. New York: Warner Faith, 2005.
YORK, P. D. WACHTEL, T. *Amor Exigente*. São Paulo: Loyola, 1989.

Índice remissivo

A
aborrescente, 129
acetilcolina, 105
ácido delta-9-tetraidrocanabinol, 42
agitação extrema, 143
AIDS, 317, 319
Alcoólicos Anônimos, 79
alucinógenos, 306
Amor Exigente, 79
anabolizantes, 311
anfetamina, 51, 117, 294
anjo, 81, 125
Anjos Caídos, 125
ansiolíticos, 290
Associação de Pais e Mestres, 204
autoritarismo, 128

B
B25, 57
bad trip, 70, 160
bagulho, 140
barbitúricos, 313
bebida, 28
benzodiazepínicos, 290
betaendorfinas, 107
boato correndo, 190
brilho químico, 48

C
campanha da boa imagem, 240
canabisa, 36
canabisar, 37, 168
canabisar constantemente, 236
canabisar esporadicamente, 235
canabista, 41
capacitação de professores, 206
caretaços, 154
casas de veraneio, 158
cerveja, 29
cetamina, 310
chá de lírio 310
chá do Santo Daime, 309
chapado, 215
cheirinho-da-loló, 278
cigarro, 32
cigarro, lutando contra, 245
cloridrato de naltrexona, 244
cocaína, 47, 114, 143, 145, 301

Índice remissivo ■ 323

cocainômano, 49
cogumelos, 120, 310
companheiros de fumo, 162
condomínio, 176
confiança, 83
conivência dos pais, 196
cortisol, 39
crack, 50, 77, 146, 301
Cristina, 53
crystal, 53
curtir o barato, 70

D
delirium tremens, 272
denúncias anônimas, 211
dependência, 34
despertadores do vício, 243
dichava, 167
dichavador, 42, 152
disciplina, 94
dopamina, 38, 104
droga feliz, 160
drogas ilegais, 36

E
ecstasy, 51, 118, 119, 298
educação familiar, 97
esteróides anabolizantes, 311
euforia, 30, 38
experimentar maconha, 234
extorsão, 216

F
felicidade, 17
feliz, 18
festas *legalize*, 151
ficada, 29
ficar, 27
filante, 165
fissura, 27, 88
fluxograma, 59
fornecedor, 213
fumaça, 32
fumante passivo, 33
fumódromo, 156

G
gaba, 105
garagens, 153
gás hilariante, 301
geração asa-e-pescoço, 127
GHB, 299
gratidão, 95
gravetinhos, 156

H
haxixe, 289
hepatite, 52, 74, 303, 319
hepatite C, 317
heroína, 315
hipertermia, 299

I
ice ou *crystal*, 300
inalantes, 53, 277
indutores do sono, 313
Integração Relacional, 253
interior dos veículos, 156

L
lança-perfume, 134, 277, 278
larica, 136
legalized, 155, 160
"love", 51
LSD, 106, 120, 121, 123

M
maconha, 36, 135, 281
marica, 42
marofa, 42, 156
MDMA, 51
menopausa precoce, 114
merla, 302
metanfetaminas, 53
microtraficante, 199
midríase, 137
minitraficante, 200
moradores típicos, 181
morfina, 315, 318

N
narcóticos, 109
neurotransmissores, 23, 124
nicotina, 111
norepinefrina, 104

O
olhos vermelhos, 135
opiáceos, 109, 314, 317, 318, 319
overdose, 31

P
pacto de usuário, 200
pais fumaram, 221
pala, 38
pandemia, 189
paquera, 26
parasita, 181
pedir dinheiro, 241
pego em flagrante, 193
perda de confiança, 82
picar, 50
pilado, 156
pilador, 152
pílula do amor, 51
pó no pênis, 50
poppers, 301
porções do cérebro, 103
porre, 30
praias e campings, 158
prazer e euforia, 46
predisposição, 91
prevenção pelo sistema de rede, 183, 218
primeiros porres, 30
professores suspeitos, 198

Q
química cerebral, 259

R
raves, 118, 151, 160
raving, 160
religiosidade, 96

respostas-padrão, 141
risco de câncer, 113
rolê, 140
rolo, 27, 31, 41

S
Santo Daime, 309
sedativos, 107, 313
Semana da prevenção contra o uso das drogas, 203
sementinhas, 156
serotonina, 52, 105, 307
sextasy, 52, 119
sinais e disfarces, 133, 149
síndrome dos anjos caídos, 24
sistema de recompensa, 39, 108, 277
Sistema Nervoso Central, 31, 104
solventes, 277
speed, 301
suicídio, 64
surfar, 159
suspeita, 209

T
tabaco, 273
Teoria Integração Relacional, 87, 91, 93, 94, 186, 191, 255
tetraidrocanabinol, 42, 70, 95, 121, 165, 281
THC, 42, 135
trabalho de prevenção, 203
tráfico, 75
traiçoeiro, 180
tranqüilizantes, 290
tratamento psicológico, 194

U
uso crônico, 297
uso foi descoberto, 231

V
vapor do banheiro, 153
vasculhar o quarto, 210
vício, 39

SOBRE O AUTOR

Filiação	Yuki Tiba e Kikue Tiba
Nascimento	15 de março de 1941, em Tapiraí/SP
1968	Formação: Médico pela Faculdade de Medicina da Universidade de São Paulo – FMUSP
1969 e 1970	Médico Residente na Psiquiatra pelo Hospital das Clínicas da FMUSP.
1970 a 2010	Psicoterapeuta de adolescentes e consultor de famílias em clínica particular.
1971 a 1977	Psiquiatra-assistente do Departamento de Psiquiatria Infantil do Hospital das Clínicas da FMUSP.
1975	Especialização em Psicodrama pela SOPSP – Sociedade de Psicodrama de São Paulo.
1977	Graduação: professor-supervisor de Psicodrama de Adolescentes pela FEBRAP – Federação Brasileira de Psicodrama.
1977 e 1978	Presidente da Federação Brasileira de Psicodrama.
1977 a 1992	Professor de Psicodrama de Adolescentes no Instituto *Sedes Sapientiae*, em São Paulo.
1978	Presidente do I Congresso Brasileiro de Psicodrama.
1987 a 1989	Colunista da TV Record no Programa *A mulher dá o recado*.
1989 e 1990	Colunista da TV Bandeirantes no Programa *Dia a dia*.
1995 a 2011	Membro da Equipe Técnica da APCD – Associação Parceria Contra as Drogas.
1997 a 2006	Membro eleito do *Board of Directors of IAGP – International Association of Group Psychotherapy*.
2001 e 2002	Radialista, com o programa semanal *Papo Aberto com Tiba*, na Rádio FM Mundial.
2003 a 2011	Conselheiro do Instituto Nacional de Capacitação e Educação para o Trabalho "Via de Acesso".
2005 a 2009	Colunista semanal do *Jornal da Tarde*, do Grupo O Estado de S.Paulo.
2005 a 2011	Apresentador e Psiquiatra do programa semanal *Quem Ama, Educa*, na Rede Vida de Televisão.
2005 a 2011	Colunista mensal da Revista Viva São Paulo.
2008 a 2011	Colunista quinzenal no Portal UOL Educação.

> EM PESQUISA FEITA em março de 2004 pelo Ibope, a pedido do Conselho Federal de Psicologia, Içami Tiba foi o 1º profissional brasileiro mais admirado e tido como referência pelos psicólogos brasileiros e o 3º no ranking internacional, sendo Sigmund Freud o primeiro, Gustav Jung o segundo. (Publicada pelo Psi Jornal de Psicologia, CRP SP, número 141, jul./set. 2004).
> CRIOU A TEORIA INTEGRAÇÃO RELACIONAL, na qual se baseiam suas consultas, workshops, palestras, livros e vídeos.
> SUA COLEÇÃO DE VÍDEOS EDUCATIVOS PRODUZIDOS em 2001 em parceria com a Loyola Multimídia vendeu mais de 13 mil cópias, e, em 2010, foi gravada em DVDs, tendo vendidas mais de 50 mil cópias.
> MAIS DE 3.500 PALESTRAS PROFERIDAS para empresas nacionais e multinacionais, escolas e universidades públicas e privadas, Secretarias Municipais de Educação etc., no Brasil e no exterior.
> MAIS DE 78 MIL ATENDIMENTOS psicoterápicos a adolescentes e suas famílias, em clínica particular, desde 1968.
> TEM 30 TÍTULOS PUBLICADOS, somando mais de 4 milhões de livros vendidos, sendo:

LIVROS ESGOTADOS

1 *Sexo e Adolescência*. 10ª ed.
2 *Puberdade e Adolescência*. 6ª ed.
3 *Saiba Mais sobre Maconha e Jovens*. 6ª ed.
4 *Adolescência: o Despertar do Sexo*. 18ª ed.
5 *Seja Feliz, Meu Filho!* 21ª ed.
6 *Abaixo a Irritação*: Como Desarmar Esta Bomba-Relógio do Relacionamento Familiar. 20ª ed.
7 *Disciplina: Limite na Medida Certa*. 72ª ed.
8 *O(a) Executivo(a) & Sua Família:* o Sucesso dos Pais não Garante a Felicidade dos Filhos. 8ª ed.
9 *Amor, Felicidade & Cia*. 7ª ed.
10 *Ensinar Aprendendo*: Como Superar os Desafios do Relacionamento Professor--aluno em Tempos de Globalização. 24ª ed.
11 *Anjos Caídos:* Como Prevenir e Eliminar as Drogas na Vida do Adolescente. 31ª ed.
12 *Obrigado, Minha Esposa* 2ª ed.
13 *Quem Ama, Educa!* 167ª ed.
14 *Homem Cobra, Mulher Polvo*. 29ª ed.

LIVROS EM CIRCULAÇÃO

1. *123 Respostas Sobre Drogas*. 3ª ed. São Paulo: Scipione, 1994.
2. *Adolescentes: Quem Ama, Educa!* 43ª ed. São Paulo: Integrare, 2005.
3. *Disciplina: Limite na Medida Certa*. Novos Paradigmas na Educação. 86ª ed. São Paulo: Integrare, 2006.
4. *Ensinar Aprendendo*. Novos Paradigmas na Educação. 31ª ed. São Paulo: Integrare, 2006.
5. *Seja Feliz, Meu Filho*. Edição ampliada e atualizada. 29ª ed. São Paulo: Integrare, 2006.
6. *Educação & Amor*. Coletânea de textos de Içami Tiba. 2ª ed. São Paulo: Integrare, 2006.
7. *Juventude e Drogas: Anjos Caídos*. 11ª ed. São Paulo: Integrare, 2007.
8. *Quem Ama, Educa!* Formando cidadãos éticos. 24ª ed. S.Paulo: Integrare, 2007.
9. *Conversas com Içami Tiba* – Vol. 1.... São Paulo: Integrare, 2008 (*Pocketbook*).
10. *Conversas com Içami Tiba* – Vol. 2.... São Paulo: Integrare, 2008 (*Pocketbook*).
11. *Conversas com Içami Tiba* – Vol. 3.... São Paulo: Integrare, 2008 (*Pocketbook*).
12. *Conversas com Içami Tiba* – Vol. 4.... São Paulo: Integrare, 2009 (*Pocketbook*).
13. *Família de Alta Performance:* Conceitos contemporâneos na educação. 11ª ed. São Paulo: Integrare, 2009.
14. *Homem cobra Mulher polvo*. (Edição atualizada, ampliada e ilustrada por Roberto Negreiros). 3ª ed. São Paulo: Integrare, 2010.
15. *Educar para formar vencedores*. São Paulo: Integrare, 2010 (*Pocketbook*).
16. *Pais e Educadores de Alta Performance*. 4ª ed. São Paulo: Integrare, 2011.

> TEM 4 LIVROS ADOTADOS pelo Promed do FNDE (Fundo Nacional e Escolar de Desenvolvimento), Governo do Estado de S. Paulo – Programa de Melhoria e Expansão do Ensino Médio.
>   > Quem Ama, Educa!
>   > Disciplina: Limite na Medida Certa
>   > Seja Feliz, Meu Filho
>   > Ensinar Aprendendo: Como Superar os Desafios do Relacionamento Professor-aluno em Tempos de Globalização
> O livro Quem Ama, Educa! foi o livro mais vendido do ano de 2003, segundo a Revista Veja. Também é editado em Portugal, Itália, Espanha.
> Os livros Quem Ama, Educa! – Formando Cidadãos Éticos e Adolescentes: Quem Ama, Educa! são editados em todos os países de língua espanhola.

Contatos com o autor
IÇAMI TIBA
TEL./FAX (11) 3815-3059 e 3815-4460
SITE www.tiba.com.br
E-MAIL icami@tiba.com.br

CONHEÇA AS NOSSAS MÍDIAS

www.twitter.com/integrare_edit
www.integrareeditora.com.br/blog
www.facebook.com/integrare

www.integrareeditora.com.br